33인의 강사가 밝히는 수업을 삼키는 기술

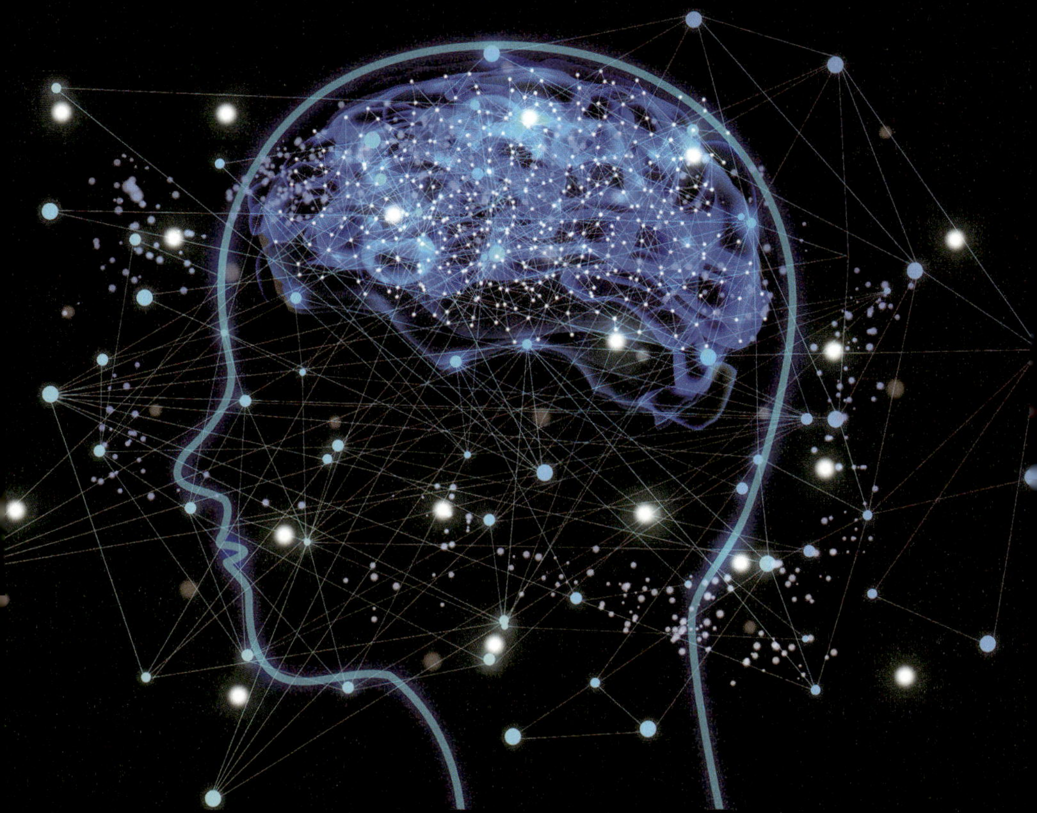

# 집중력 혁명

## The Attention Revolution

김순복 강병찬 강은지 강인순 고유미 김수연 김순화 나윤희 박경순
박진연 배혜숙 백은정 서희경 손예주 손주혜 신혜섭 안순화 유경화
유창옥 이경호 이말옥 이승원 이형모 임기정 장두식 전다혜 정옥전
조경순 조영아 최선미 최유미 최정화 하나리

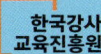
한국강사
교육진흥원

집중력 혁명

**1판 1쇄 인쇄** 2025년 8월 20일
**1판 1쇄 발행** 2025년 8월 25일

**발행인** 김순복
**기획** 김순복
**펴낸 곳** (주)한국강사교육진흥원
**등록번호** 제2024-000061호
**주소** 경기도 성남시 분당구 야탑로 81번길 10, 511-1호
**전화** 1661-9636 / 010-9242-1701
**홈페이지** https://kangsaedu1.me
**e-mail** kangsaedu1@naver.com
**보급 및 유통** 대경북스(02-485-1988)

**ISBN** 979-11-988738-5-9  03320

※ 이 책은 저작권법에 따라 보호받는 저작물이므로 무단전재와 무단복제를 금지하며, 이 책 내용의 전부 또는 일부를 이용하려면 반드시 저작권자와 출판사의 서면 동의를 받아야 한다.

※ 잘못된 책은 구입하신 서점에서 바꾸어 드립니다.

※ 책값은 뒤표지에 있다.

## 프|롤|로|그

집중력 혁명, 교육의 미래를 여는 33가지 열쇠

한국강사교육진흥원은 변화하는 시대의 교육 현장에서 강사와 학습자 모두의 성장을 돕기 위해 끊임없이 고민해 왔다. 우리는 디지털 전환, AI의 일상화, 세대 간 소통의 변화, 그리고 정보 과부하의 시대를 살아가는 모든 교육자에게 '집중력'이라는 본질적 화두를 다시 던지고자 한다.

이 책은 대한민국 각계각층의 현장 강사들이 직접 체득하고 실천해 온 집중력 향상 기술 33가지를 한 권에 담았다. 강의실 문을 여는 순간부터 청중의 마음을 사로잡는 오프닝, 몰입을 이끄는 질문과 소통, 신체 활동과 웃음, 스토리텔링과 게임화, AI와 코칭의 결합, 그리고 실패에서 얻은 성장의 교훈까지 이 모든 전략과 사례는 교육의 본질을 되묻고, 강의의 미래를 새롭게 설계하는 데 든든한 나침반이 되어줄 것이다.

이 책을 통해 우리는 다음과 같은 교육의 혁신적 가치를 전하고자 한다.

- 집중력은 타고나는 것이 아니라, 설계하고 훈련할 수 있는 기술이다.
- 강의의 성공은 강사의 완벽함이 아니라, 진정성 있는 소통과 유연한 현장 대처에 있다.
- 몰입을 이끄는 강의는 청중 한 사람 한 사람의 경험과 감정, 속도와 개성을 존중하는 데서 시작된다.
- 실패와 시행착오 역시 성장의 자산이자, 교육 혁신의 밑거름이 된다.

이 책에 담긴 33가지 집중력 기술과 33가지 실수담은 노하우의 나열이 아니다. 각 장은 실제 강의 현장에서의 생생한 경험과, 수많은 도전과 반성, 그리고 끊임없는 자기 혁신의 기록이다. 이를 통해 독자 여러분은 강의의 본질을 다시 생각하고, 자신만의 교육 철학과 실천 전략을 세우는 데 많은 도움이 될 것이다.

한국강사교육진흥원은 이 책이 대한민국 모든 강사와 교육자, 그리고 배움을 사랑하는 이들에게 실질적인 힘과 용기를 주는 길잡이가 되기를 진심으로 소망한다. 이제, 집중력 혁명의 문을 열고, 교육의 미래를 함께 만들어 갑시다.

2025년 여름

한국강사교육진흥원 출판부 드림

# 차/례

프롤로그 _3

## 제1부 집중력 혁명: 33가지의 집중력 기술

기술 1: 소금 한 줌이 만든 집중력 혁명 **김순복** _12

기술 2: 청중을 사로잡는 나의 필살기: 준비, 소통, 몰입 **강병찬** _17

기술 3: 스포트라이트로 강의를 장악하는 법 **강은지** _24

기술 4: 긍정 에너지로 여는 성공의 길_선택과 집중의 힘 **강인순** _29

기술 5: AI 시대, 집중력 필살기_ '티칭'을 넘어 '코칭'하라 **고유미** _34

기술 6: 몰입의 황금 시간, 10분 집중력 부스팅 법칙 **김수연** _40

기술 7: 즉흥 안무, 현존하는 나를 만나는 집중력 기술 **김순화** _43

기술 8: 마음을 읽는 자, 집중을 지배한다: 공감과
　　　　성공 체험의 비밀 **나윤희** _49

기술 9: 집중력 향상의 골든타임: 아이들의 미래를 위한
　　　　황금기 **박경순** _54

기술 10: 집중과 깨어 있음, 그 통합의 여정 마음 챙김 **박진연** _59

기술 11: 학생 활동으로 빚어낸 집중의 예술 배혜숙 _64

기술 12: 몰입 저격: 집중력 방해 소탕 작전 백은정 _73

기술 13: AI 시대 집중력 혁명의 핵심 전략 서희경 _78

기술 14: 몰입 소생술: 골든타임을 장악하라! 금채 손예주 _82

기술 15: 참여로 완성하는 몰입 강의 디자인 손주혜 _89

기술 16: 모두가 주인공이 되는 시간_코칭으로 강의하라! 신혜섭 _95

기술 17: 몰입의 방아쇠: 골든타임을 장악하는 기술 안순화 _100

기술 18: 목소리 조율, 청중 집중력의 지휘봉 유경화 _105

기술 19: 강의 승부처 첫 5분, 청중 몰입 디자인 마법 유창옥 _112

기술 20: 잠시 딴 생각, 집중력 소생술의 비밀 이경호 _119

기술 21: 즐거운 집중력: 웃음으로 더욱 똑똑해지기 이말옥 _126

기술 22: 단숨에 마음의 빗장을 여는 인사 이승원 _133

기술 23: 원스텝 투스텝 신나는 라인댄스 여행 이형모 _141

기술 24: 게이머의 집중력으로 '사고하는 뇌'를 깨우다! 임기정 _147

기술 25: 치매예방으로 마지막 건강한 삶을 누리자 장두식 _155

기술 26: 메모의 기술_효과적인 기록 방법과 활용법 전다혜 _161

기술 27: CS 퍼스널 컬러 완전 정복! 퍼스널 컬러 교육 &
        출강 가이드 정옥전 _167

기술 28: 브레인 운동으로 뇌를 반짝반짝 조경순 _173

기술 29: 수업을 바꾸는 시간, 마법 같은 스토리텔링의 힘! 조영아 _182

기술 30: AI시대, 공감은 경쟁력이다
        몰입을 부르는 교육자의 존재력 최선미 _188

기술 31: 신박한 강의 몰입 스킬_강사를 이겨라 **최유미** _195

기술 32: 스토리를 마법처럼! 청중을 사로잡는

　　　　매직 스토리텔링 **최정화** _203

기술 33: 집중을 부르는 스피치! 청중이 빠져드는

　　　　말하기 기술 **하나리** _210

## 제2부 치명적인 33가지 실수와 시사점 _213

에피소드 1: 철저함의 함정, 혹은 인간적인 실수의 미학 **김순복** _218

에피소드 2: 나의 강의 실패담: 성장을 위한 값진 교훈 **강병찬** _221

에피소드 3: 자각하지 못했던 강사의 착각 **강은지** _223

에피소드 4: 강사의 위기관리 능력: 예기치 못한 상황을 기회로

　　　　　　만드는 법 **강인순** _225

에피소드 5: 강사에게 시간은 '생명'이다 **고유미** _227

에피소드 6: 청중을 얼어붙게 만든 강의, 그 뼈아픈 기억 **김수연** _230

에피소드 7: 감정의 컨트롤 **김순화** _233

에피소드 8: 실패 사례: 공감을 놓친 순간 **나윤희** _236

에피소드 9: 근거 없는 자만심이 실패를 부른다 **박경순** _238

에피소드 10: 강의 중 기술 문제 발생? 당황하지 않고 대처하는

　　　　　　 시청각 자료 활용 노하우 **박진연** _241

에피소드 11: 문제는 학생이 아니라 강사에게 있었다: 맞춤형

　　　　　　교육으로 이끈 교실의 변곡점 **배혜숙** _243

에피소드 12: 방해물 제거 실패 **백은정** _245

에피소드 13: 실패에서 배운 강의의 본질: 쉽고 재미있게,

　　　　　　천천히 **서희경** _247

에피소드 14: 강의의 골든타임: 몰입을 살리는 최소 이론,

　　　　　　최대 경험 **금채 손예주** _250

에피소드 15: 강의는 마라톤이다: 지치지 않는 소통과 효율적인

　　　　　　배분으로 완주하는 법 **손주혜** _252

에피소드 16: 강의의 본질: '괜찮은 강의'를 위한 강사의 보이지 않는

　　　　　　시간 **신혜섭** _255

에피소드 17: 예상 질문을 무시한 대가 **안순화** _258

에피소드 18: 목소리, 강의의 가장 강력한 무기: 내 안의 가능성을

　　　　　　깨우는 법 **유경화** _260

에피소드 19: 음악이 없는 춤은 앙꼬없는 찐빵인가? **유창옥** _262

에피소드 20: 몰입의 행복감과 거리가 먼 집중력 저하 **이경호** _264

에피소드 21: 기계치 강사의 아찔한 순간: 철저한 준비와 백업이

　　　　　　만든 강의 기적 **이말옥** _267

에피소드 22: 인사와 태도의 중요성 **이승원** _269

에피소드 23: 강의의 소리를 지키는 힘: 앰프 고장에서 얻은

　　　　　　현장 관리의 지혜 **이형모** _272

에피소드 24: 모든 학습자는 다른 속도로 빛난다: 한 어린이가
　　　　　 가르쳐 준 교육의 혁명 **임기정** _274

에피소드 25: 준비된 강사의 힘: PPT 한 장이 바꾼 강의의
　　　　　 몰입도 **장두식** _276

에피소드 26: 메모 부족으로 인한 학생들의 자기소개서,
　　　　　 이력서 작성의 어려움 **전다혜** _278

에피소드 27: 눈 내리는 날의 교사 연수 퍼스널컬러 강의 **정옥전** _280

에피소드 28: 쉽게 생각했던 OT 나의 자만심 **조경순** _282

에피소드 29: 두드린 돌다리도 건너기 전 다시 한번 더
　　　　　 두드리자! **조영아** _284

에피소드 30: 적막을 깬 공감의 교육: 라포 형성이 이끈 학생 중심
　　　　　 성교육의 전환 **최선미** _286

에피소드 31: 몰입은 '함께'할 때 빛난다: 문화적 장벽을 허문
　　　　　 포용적 강의의 지혜 **최유미** _290

에피소드 32: 연습(준비)없는 배짱강의가 실력을
　　　　　 떨어뜨린다 **최정화** _292

에피소드 33: 아나운서가 깨달은 강의의 진리: 청중을 움직이는
　　　　　 소통의 힘 **하나리** _294

# 제1부

## 집중력 혁명: 33가지의 집중력 기술

김순복
(한국강사교육진흥원 원장)

## 기술 1:
## 소금 한 줌이 만든 집중력 혁명

▲ **북소리와 함께 내 이름이 뜬다!**

    강의실 문이 열리자마자 학생들의 시선을 사로잡은 것은 커다란 프로젝터 화면에 PPT 표지가 시선을 이끌었다. 음악과 함께 강렬한 한줄 카피가 위아래로 움직이고 가운데는 오늘 어떤 수업이 진행될지 가늠할 수 있는 영상이 재생되고 있기 때문이었다. 화면 중앙에는 "오늘의 강의 주제"가 번쩍였다. 첫 표지 화면만 봐도 강렬한 느낌이 보는 이들의 시선을 이끌어 수업에 대한 호기심을 이끈다. 어느 교육 담당자는 강력한 카피의 움직임을 보고 "저거 동영상이에요?"라고 묻기도 한다.

이어 수업이 시작되고 강사의 목소리가 교실을 가르자 학생들은 집중하기 시작했다. 청중의 시선을 사로잡는 PPT와 함께 강의 초반, 오프닝에서 특별한 이벤트가 진행된다. 예쁜 색상으로 정성스럽게 보자기 포장된 3개의 선물을 내밀며, "오늘 당첨자와 양옆에 앉아 있는 동료에게까지 덤으로 선물이 나갑니다."라고 하면 "와~"하는 함성과 함께 표정들이 달라진다. "단, 책상을 두드려야 두드리는 소리와 진동에 의해 자동으로 스크롤이 올라가 당첨을 확인할 수 있다."라는 말이 끝나자마자, "우와~ 진짜요?"하는 탄성과 함께 말이 끝나기도 전에 책상 두드리는 소리가 들린다.

▲ "두두두두두두두.... 내 이름이여, 멈춰라!"

책상 두드리는 신호에 맞춰 화면의 이름들이 위로 스크롤 되기 시작했다. 학습자들은 손바닥이 빨개지도록 책상을 두드리며 "전쟁 드럼" 같은 소리를 내기도 한다. "제발 내 이름이!", "멈춰-!", "선물은 내 거야" 외침과 함성이 교실을 뒤흔들었다. 스크롤 속도가 처음에는 빨리 올라갔다 점차 느려지자, 긴장감이 극에 달하며 여기저기서 소리가 들려온다. 마치 '복권 추첨 현장'에 온 듯한 분위기였다. 책상 두드리는 소리도 자연스레 잦아들면서 드디어 화면이 멈춘다.

화면이 멈추며 "선물은 내 거야 홍길동" 당첨자의 이름이 나타났다. 학습자들은 함성과 박수를 보낸다. "축하한다! 홍길동님! 양옆에 계신 분도 함께 나와 주세요." 당첨자와 양옆에 앉은 동료들은 서로 끌어안으며 얼싸안고 기뻐한다. 강사는 두 손에 곱게 보자기로 포장된 선물을 내밀며 메시지를 전한다. "이 세상에 꼭 필요한 빛과 소금 같은 존재가 되라는 의미로 여러분 자체가 이미 빛이므로 저는 천일염 소금을 준비했다."라고 하면, "와~"하는 감탄사와 박수가 터져 나온다. 강사가 3개를 당첨자에게 건네면, 당첨자는 옆 동료들에게 증정하고 기념사진을 찍기도 한다. 학습자들은 박수를 치며 환호했고 교실은 폭발적인 에너지로 가득 차 화기애애한 수업 분위기가 자동으로 형성된다.

### ▲ "옆 사람이 내 운명이다!"

당첨자 선정 과정은 단순한 게임이 아니었다. 이름이 스크롤 되는 동안 모든 학습자의 시선은 화면에 집중되었고, 긴장감은 자연스럽게 옆 사람과의 유대감으로 이어졌다. "제가 왜 자리를 바꿔도 된다고 했는지 아시겠죠?" 강사의 농담에 학습자들은 서로를 바라보며 웃음을 터뜨렸다.

사실 수업 시작 전, 강사는 이미 미션을 던졌다. 옆 사람과 "만나서 반가워요." 하이파이브를 하게 하고 인사를 나누게 한 뒤, "지금 바로 왠지 운이 좋을 것 같은 맘에 드는 짝꿍으로 자리를 바꿔 앉아도 좋아요. 수업 중엔 옆 사람이 당신의 귀한 파트너가 될 거예요." 대부분 자리 이동이 없지만, 간혹 몇 명이 재빨리 자리를 옮기며 "저랑 같이 앉아요!", "아, 나 지금 바꿔도 돼?"라고 속삭였다. 이 작전 덕분에 당첨된 홍길동과 양옆 친구는 진심 어린 축하를 나눌 수 있었다. "바로 옆 사람이 당신의 행운을 결정한다. 혹여 길 가다 쓰러져도 집에 있는 가족이 여기 와서 병원에 모셔 가지 않아요. 바로 내 옆 사람이 도움을 줍니다."라는 강사의 말에 학습자들은 고개를 끄덕이며 '옆 사람의 소중함'을 체감했다.

### ▲ "소금 한 줌이 깨우친 집중의 기적"

모든 과정은 5분도 채 걸리지 않았다. 하지만 그 짧은 시간 동안 학습자들은 눈도 깜빡이지 않을 만큼 화면에 집중했고, 옆 사람과의 협력과 기대감을 배웠다. "방금 여러분이 보여준 상태가 바로 초집중입니다." 강사의 말에 학생들은 "아~!" 하며 탄성을 내놓았다.

"집중은 의지력이 아니라 '흥미'와 '긴장감'으로 만들어집니다. 오늘처럼 '목표'가 있고 '보상'이 따르면, 누구나 자연스럽게 초집중 모드로 들어갈 수 있죠." 강사 양성 과정 수업에서 강사는 화면에 '집중력 = (목표 × 보상) ÷ 방해 요소'라는 수식을 띄우며 설명을 이어간다. "오늘 당첨되지 않은 분들도 실망하지 마세요. 다음 기회는 여러분의 집중력이 결정할 테니까요."

강의실은 다시 조용해졌지만, 학습자들의 얼굴에는 '흥분의 잔물결'이 남아 있었다. 소금 한 줌이 일으킨 '집중력 혁명' 이것이 바로 수업을 삼키는 33가지 기술의 첫 번째 열쇠다.

▲ **초집중 기술의 핵심 원리**

1. "의미 부여": 소금 선물은 단순한 물건이 아닌 '상징적 가치'를 지님으로써 집중력을 유도한다.
2. "공동체 의식": 옆 사람과의 협력은 '경쟁이 아닌 유대'를 강화해 집중 시간을 늘렸다.
3. "즉각적 보상": 당첨자 선정과 선물 증정은 '뇌의 보상 회로'를 자극해 참여도를 극대화했다.
4. "신체적 참여": 책상 두드리기의 '신체 활동'을 통해 정신적 각성을 이끌어냈다.

내용 상세 보기 ▶

기술 2: 청중을 사로잡는 나의 필살기: 준비, 소통, 몰입    17

강병찬
(가치 안내자)

## 기술 2:
## 청중을 사로잡는 나의 필살기: 준비, 소통, 몰입

    강의는 청중과 교감하고 그들의 마음을 움직이는 예술과도 같다. 나는 오랜 시간 강단에 서면서 청중의 집중력을 극대화하고 강의를 성공으로 이끄는 나만의 '필살기'를 체득하였다. 이 비법들은 강의의 시작부터 마무리까지, 그리고 예상치 못한 상황에 대한 대처에 이르기까지 모든 순간에 적용되는 것이다.

### ▲ 강의는 도착과 동시에 시작된다: 완벽한 준비와 첫인상

강의를 시작하기 전, 나는 항상 최소 1시간 전에 강의 장소에 도착하여 모든 준비를 마치는 것을 원칙으로 하고 있다. 강의장은 언제든 다양한 변수가 발생할 수 있는 곳이기에, 여유로운 도착은 빔 프로젝터, 음향 장비, 좌석 배치 등을 꼼꼼히 점검하고 최적의 환경을 조성하는 데 필수 요소다. 강의 시간에 임박하여 도착하면 예기치 못한 상황에 유연하게 대처하기 어렵기 때문에, 미리 모든 준비를 마치고 안정감을 확보하는 것이 중요한 일이다.

나는 강의가 강의실 문을 여는 순간부터 시작된다고 생각한다. 이미 강의장 주변에는 일찍 도착한 수강생들이 있을 수 있으며, 강사는 그들의 시선을 피할 수 없는 것이다. 표정, 옷차림, 걸음걸이 하나하나가 수강생들에게 강사를 평가하는 기준이 된다. 따라서 첫인상에서부터 밝고 따뜻하며 당당한 모습을 보여주는 것이 중요한 부분이다. 강의 시작 전 가벼운 인사와 대화를 통해 친밀감을 형성하고 유대감을 쌓으면, 수강생들을 자연스럽게 '나의 편'으로 만들 수 있다. 강의 도중 적절한 유머나 농담을 섞는 것은 이러한 친근함을 더욱 깊게 하고, 강의 분위기를 한층 활기차게 만드는 효과적인 방법이다.

한번은 강의 준비를 마무리할 즈음, 80대 어르신 세 분이 스마트폰으로 무언가를 검색하며 즐겁게 대화하고 계셨다. AI 앱을 활용해 날씨, 추천 여행지, 환율 등 다양한 정보를 찾아보고 계셨던 것이다. 나는 살며시 다가가 인사를 나누고 잠시 대화에 동참하였다. 이처럼 강의 시작 전부터 수강생들과의 상호작용은 깊은 유대감을 형성하는 데 큰 도움이 된다.

### ▲ 청중의 눈높이에 맞춘 소통: 공감과 유연성

강사는 항상 수강생의 처지에서 생각하고 준비해야 한다. 어린이, 청소년, 성인, 노인 등 대상자의 연령과 상황에 맞춰 마치 '연기자'처럼 변화해야 하는 것이다. 공감 가는 언어 선택, 목소리 톤의 변화, 적절한 제스처 등을 통해 청중의 눈높이에 맞춰 내용을 전달하는 능력이 필요하다. 어린이를 대상으로 한 강의에서 영화 속 주인공의 목소리를 흉내 내었을 때, 아이들이 눈을 반짝이며 교육에 몰입하던 모습은 아직도 잊을 수 없는 소중한 경험이다.

강의 중 수강생의 잡담으로 인해 진행에 어려움을 겪는 경우가 간혹 있다. 조용히 이야기하는 정도를 지나, 다른 수강생들의 집중을 방해할 정도의 소음을 유발한다면 강사는 현명하게 대처해야 한다. 나는 이런 경우, 잡담하는 수강생들에게 다가가 강의와 관련된 질문을 던진다. 질문을 통해 자연스럽게 학습에 참여하도록 유도하는 것이 나의 방식이다. 만약 여러 명이 관련되어 있다면, 한 사람씩 차례대로 질문을 던지고 답변을 듣는 것이 효과적이다. 한 사람에게만 질문하고 넘어간다면 방해 행동이 반복될 가능성이 높기 때문이다. 관련자 모두에게 질문하면 '아, 집중하지 않으면 나에게도 질문이 올 수 있겠구나'라는 인식을 심어줄 수 있다. 이러한 질문을 통한 학습 참여 유도 방식은 모든 수강생이 강의에 더욱 몰입할 수 있는 분위기를 조성하는 데 효과적이다.

### ▲ 인상적이고 기억에 남는 발표 기법: 나의 핵심 필살기

강사로서 강의를 성공적으로 이끌기 위해서는 '인상적이고 기억에 남는 발표 기법'이 매우 중요하다. 이는 청중의 관심을 단번에 사로잡고, 전달하고자 하는 메시지를 효과적으로 각인시키는 나의 핵심 필살기다.

첫 번째, 강의의 시작과 끝을 강렬하게 장식하는 것이다. 강의의 첫 몇 분은 청중의 관심을 끌 수 있는 가장 중요한 시간이다. 나는 최근 이슈, 놀라운 통계, 또는 흥미로운 질문 등을 활용하여 청중의 호기심을 자극한다. 예를 들어, 영화배우의 실루엣을 보여주고 누구인지 맞추게 하거나, 영화 포스터를 조금씩 공개하며 제목을 유추하게 하는 방식은 청중의 참여를 유도하는 데 탁월한 방법이다. 때로는 오늘의 영화와 연관된 사자성어를 활용하여 초반 분위기를 완전히 사로잡기도 한다.

강의의 마무리는 시작만큼이나 중요한 부분이다. 강렬한 메시지나 감동적인 이야기를 통해 수강생들에게 깊은 인상을 남겨야 하는 것이다. 영화 속 가장 기억에 남는 대사나 장면을 다시 언급하며, 그 영화에서 얻었던 가치를 명확하게 전달하는 것은 청중의 기억에 오래도록 남을 수 있는 효과적인 방법이다.

두 번째, 시각 자료를 효과적으로 활용하는 것이다. 시각 자료는 강의를 보완하고 청중의 이해를 돕는 강력한 도구다. 특히 '강의 표지'의 중요성은 아무리 강조해도 지나치지 않는 부분이다. 나는 강의 교안의 표지를 정적인 글자와 이미지만으로 구성하지 않고, 영상과 음악을 활용하여 제작한다. 강의의 시작을 알리는 표지는 마치 강의로 들어서는 '현관'과 같다. 건물에 들어가기 위해 현관을 거치듯, 모든 강의의 시작은 표지를 통해 이루어지기 때문이다.

강의 시작 전 수강생들에게 이 특별한 표지를 보여주면, "우와~ 마치 극장에서 영화를 보는 느낌이다!"라는 감탄과 함께 "강의가 너무 기대된다!"라는 반응이 터져 나온다. 이는 영화 인문학 강의에서 공통으로 나타나는 현상으로, 강의에 대한 궁금증과 기대감을 불러일으키는 데 큰 도움이 된다. 강의장 분위기에 맞는 음악과 표지에 적절한 애니메이션을 추가하면, 수강생들에게 시각과 청각을 동시에 만족시키며 강의에 대한 기대치를 높이는 일거양득의 효과를 얻을 수 있다.

슬라이드는 단순하고 명확하게 디자인해야 한다. 텍스트는 최소화하고 이미지와 그래프를 활용하여 시각적으로 정보를 전달하는 것이 효과적이다. 동영상과 슬라이드의 적절한 조화가 없다면 강의 흐름이 매끄럽지 못할 수 있다. 또한, 적절한 애니메이션은 청중의 관심을 끌고 정보를 효과적으로 전달하는 데 도움이 되지만, 과도한 사용은 오히려 집중력을 떨어뜨릴 수 있으므로 주의해야 하는 부분이다.

세 번째, 질문과 토론을 통해 청중의 사고를 자극하는 것이다. 수강생들에게 질문을 던지는 것은 그들의 생각을 자극하고 주제에 대한 깊은 이해를 유도하는 매우 효과적인 방법이다. 예를 들어, "과거의 한 시점으로 돌아갈 수 있다면 당신은 언제로 돌아가고 싶은가요?"라는 질문을 던지고 개인적인 사례를 통해 강의를 이끌어간다. 그리고 수강생들도 자신의 경험을 이야기할 수 있도록 유도하는 것이다.

나의 경험을 이야기하자면, 결혼 초기에 아내와 의견 차이로 크게 다투었던 적이 있다. 지금 생각해 보면 그때 왜 차분하게 대화하지 않고 화부터 냈는지 아쉬움이 남는다. 당시에는 서로의 입장을 충분히 이해하지 못하고 감정적으로 대응했던 것 같다. 그때 일을 생각하면 지금도 마음이 아프고 미안한 마음이 든다. 만약 그 순간으로 다시 돌아갈 수 있다면, 서로의 감정을 존중하고 이해하는 방향으로 대화를 나누었을 것이다. 그렇게 했다면 많은 오해와 갈등을 피할 수 있었을 것이다. 하지만 현실적으로 그때로 돌아갈 수 없기에, 현재를 살아가면서 서로를 이해하고 아끼며 살아가는 것이 중요하다고 생각한다. 지금은 그 경험을 통해 배운 점을 바탕으로 더 성숙하게 대처하려고 한다.

이러한 방식으로 질문을 던지면, 수강생들은 자신의 경험을 공유하며 강의에 더욱 적극적으로 참여하게 된다. 또한, 이러한 질문과 토론은 수강생들 간의 다양한 관점을 공유하고 서로의 의견을 존중하는 기회를 제공한다. 이는 정보 전달의 가치를 넘어, 수강생들이 스스로 사고하고 의견을 나누는 능력을 기르는 데 큰 도움이 되는 것이다. 소그룹 토론 시간을 마련하거나 특정 주제에 대해 찬반 토론을 진행한다면, 수강생들의 참여는 더욱 활발해질 것이다.

    질문과 토론을 통한 소통은 강의의 몰입도를 높이고, 수강생들이 주제에 대해 더 깊이 이해하고 공감할 수 있게 하는 중요한 방법이다. 이를 통해 강의는 일방적인 정보 전달에서 벗어나 상호작용을 통한 풍부한 학습 경험으로 발전할 수 있는 것이다. 이러한 방식으로 강의를 진행하면 수강생들은 자신의 경험을 바탕으로 더 많은 것을 배우고, 서로의 이야기를 통해 새로운 시각을 얻으며 진정한 '집중력 혁명'을 경험하게 될 것이다.

내용 상세 보기 ▶

**강은지**
(페이머스유 이미지메이킹센터 대표)

# 기술 3:
# 스포트라이트로 강의를 장악하는 법

▲ 학생들은 왜 강의에 집중하지 못할까?

강의가 시작되면 학생들의 시선은 강사에게 향하지만, 시간이 지날수록 집중력은 흐트러지기 마련이다. 스마트폰을 만지거나 창밖을 바라보는 학생들, 강사의 말에 반응하지 않는 분위기. 이러한 현상이 발생하는 이유는 무엇일까?

예측 가능한 강의 흐름은 흥미를 잃게 만든다. 강의의 전개 방식이 예상 가능하다면 학습자는 쉽게 지루함을 느끼게 된다. 따라서 예상치 못한 질문이나 활동을 삽입하여 강의의 흐름을 깨보는 것이 중요하다. 또한 단조로운 강의 스타일도 집중력을 떨어뜨린다. 강사의 목소리 톤과 몸짓이 일정하면, 학생들은 자연스럽게 주의를 잃고 만다. 목소리의 강약 조절과 적극적인 제스처 활용이 필요하다.

상호작용의 부족 또한 큰 문제다. 학생이 단순히 듣기만 한다면 집중력을 유지하기 어렵다. 그러므로 질문을 던지고, 토론을 유도하며 학습자가 직접 참여하는 순간을 만들어야 한다. 마지막으로, 학습 내용이 실생활과 연결되지 않으면 흥미를 잃게 된다. 실생활 사례를 활용해 학습의 필요성을 강조하는 것이 필수적이다. 해결책은 강의가 '스포트라이트'를 활용하여 학습자의 몰입을 유도할 때 비로소 효과가 극대화된다는 점이다.

▲ **비언어적 커뮤니케이션의 힘**

강사는 말뿐만 아니라 비언어적 표현(제스처, 시선, 이동, 표정 등)으로 학습자의 관심을 끌어야 한다. 안세근과 김현욱(2021)의 연구에 따르면, 강사의 제스처가 활발할수록 학습자의 이해도와 기억력이 향상되는 것으로 나타났다. 손짓과 몸짓을 활용하면 개념을 직관적으로 전달할 수 있으며, 동작과 말이 결합될 때 학습자는 정보를 더 오래 기억하게 된다.

또한, 정적인 강의보다 동적인 강의가 학생들의 주의를 끌기 쉽다. 강사는 강의실을 무대처럼 활용해야 하며, 특정 구역을 '스포트라이트 존'으로 설정하고, 중요한 내용을 전달할 때 해당 구역에서 강조하는 방식이 효과적이다. 이동할 때마다 학생들의 시선이 따라가도록 하며, 중요한 순간에는 멈춰서 메시지를 강조해야 한다. 의미 있는 동작과 표정을 통해 메시지를 강화하는 것도 잊지 말아야 한다.

### ▲ 스포트라이트를 활용한 강의 집중 전략

스포트라이트란 무대에서 특정 인물이나 공간을 강조하는 조명 기법이다. 강의에서도 이 개념을 적용하여, 강사가 스포트라이트의 중심이 되어 학습자의 관심을 유도해야 한다.

강사가 스포트라이트가 되는 방법은 다음과 같다. 첫째, 강의실 내 스포트라이트 존을 설정한다. 특정 구역(예: 칠판 앞, 강의실 중앙)을 강조 구역으로 활용하고, 핵심 내용을 설명할 때 해당 구역에서 머물며 메시지를 강화해야 한다. 둘째, 이동 동선으로 집중력을 유도한다. 이동할 때마다 학생들의 시선이 따라오도록 하고, 중요한 순간에는 멈춰서 메시지를 강조하는 것이 중요하다. 셋째, 감정과 표현력을 강화해야 한다. 목소리의 강약을 조절하여 이야기의 흐름을 조정하고, 의미 있는 몸짓과 표정을 활용하여 메시지를 효과적으로 전달해야 한다. 마지막으로, 청중과의 감정적 연결을 통해 스토리텔링 기법을 적용하여 정보를 전달하는 것이 효과적이다.

예를 들어, '무의미한 반복 학습'이라는 주제를 다룰 때, 갑자기 책을 덮고 학생들에게 질문을 던졌다. "여러분은 지금 이 강의가 흥미로운가요?" 예상치 못한 순간에 던져진 질문은 학습자의 집중도를 높였고, 이후 강의 흐름을 조정해 학생들의 참여도를 끌어올렸다.

### ▲ 청중 분석과 맞춤형 강의 전략

강의 대상에 따라 스포트라이트의 활용 방식은 달라진다. 대학생을 대상으로 한 강의에서는 실습과 참여형 활동이 필요하다. 예상치 못한 질문을 던져 강의의 흐름을 예측할 수 없게 만들면 몰입도가 상승할 것이다. 직장인을 대상으로 한 강의에서는 강의 내용을 실무와 연결해야 하며, 즉시 적용할 수 있는 실질적인 해결책을 제시해야 한다. 공공기관 및 전문직 대상 강의에서는 논리적이고 체계적인 강의 진행이 중요하며, 데이터와 사례를 활용하여 신뢰도를 확보해야 한다.

강의 환경에 따라 전략도 달라져야 한다. 대면 강의에서는 강사의 이동 동선, 표정, 시선 처리가 중요하고, 온라인 강의에서는 카메라 각도, 화면 구성, 목소리의 변화를 활용해야 한다.

### ▲ 강사의 지속적 성장 전략

강사가 스포트라이트를 활용하는 것만큼 중요한 것은 지속적인 자기 성장이다. 강의 피드백 시스템을 구축하고 강의 영상을 촬영해 자신의 톤, 제스처, 이동 동선을 점검해야 한다. 강의 후 설문조사를 통해 학습자의 반응을 분석하고 보완점을 찾아야 한다.

콘텐츠를 확장하고 개인 브랜딩을 강화하는 것도 중요하다. 강사는 강의뿐만 아니라, 책 출간, 블로그 운영, 유튜브 활용 등을 통해 지속적으로 자신의 콘텐츠를 확장해야 하며, SNS와 강의 포트폴리오를 활용해 강사로서의 전문성을 구축해야 한다. 마지막으로, 강의 트렌드 변화에 대응하여 온라인 강의, 하이브리드 강의 등 변화하는 강의 환경에 적응하고, AI 기술, 교육 심리학, 몰입형 학습 등 최신 교육 트렌드를 학습하며 강의 방식을 지속적으로 개선해야 한다.

"강의는 스포트라이트의 기술이다."
강의는 단순한 정보 전달이 아니다. 강사가 스포트라이트의 중심에 설 때, 학습자의 집중력과 학습 효과는 극대화된다. 당신의 강의는 학습자의 시선을 사로잡는 스포트라이트가 될 준비가 되었는가? 이제 강의는 강사의 성장과 함께 진화하는 과정이 되어야 한다.

내용 상세 보기▶

**강인순**
(에너지를 전하는 따뜻한 울림)

# 기술 4:
# 긍정 에너지로 여는 성공의 길_
# 선택과 집중의 힘

▲ **당신의 삶은 선택과 집중의 시작이자 결과이다**

인생은 끊임없는 선택의 연속이다. 아침에 어떤 옷을 입을지, 점심 메뉴는 무엇으로 할지부터 시작하여 중요한 대학 진학과 직업 선택에 이르기까지, 우리는 매 순간 다양한 선택의 기로에 서 있다. 이러한 선택의 결과는 우리의 삶을 형성하고, 결국 우리의 미래를 만들어간다.

그러나 올바른 선택을 하는 것은 결코 쉬운 일이 아니다. 정보가 부족하거나 감정에 휘둘리며, 타인의 의견에 휩쓸려 후회하는 선택을 하기도 한다. 우리가 어렵게 선택한 길이라 하더라도 꾸준히 집중하지 못하고 포기하는 경우가 빈번하다. 그러므로 성공적인 삶은 올바른 선택과 집중의 연속이며, 그 원동력은 긍정 에너지에 있다. 긍정 에너지는 우리에게 용기를 주고, 지혜를 밝혀주며, 어려움을 극복할 수 있는 힘을 불어넣는다.

### ▲ 긍정 에너지란 무엇인가?

긍정 에너지는 단순히 기분이 좋은 상태를 넘어서, 긍정적인 마음가짐과 사고방식, 태도를 포괄하는 개념이다. 긍정적인 사람들은 문제를 긍정적인 관점에서 바라보며 해결책을 찾기 위해 노력하고, 자신이 가진 것에 감사하며 작은 행복에도 만족할 줄 안다. 그들은 자신의 능력과 가능성을 믿고 목표를 향해 꾸준히 나아가며, 다른 사람의 입장을 이해하고 존중하는 태도를 가진다.

실패를 두려워하지 않고 이를 성장의 발판으로 삼는 자세 또한 긍정적인 사람들의 중요한 특징이다. 이러한 긍정적인 특성은 우리의 삶과 선택에 큰 영향을 미치며, 결국 성공적인 삶으로 나아가는 길잡이가 된다.

### ▲ 긍정 에너지가 선택과 집중을 돕는 이유

긍정 에너지는 우리가 올바른 선택을 하고, 목표에 집중하는 데 여러 가지 도움을 준다. 긍정적인 마음 상태에서는 감정에 휘둘리지 않고 객관적으로 상황을 판단할 수 있으며, 더 많은 정보를 찾아 다양한 가능성을 고려하여 최선의 선택을 하게 된다. 또한, 긍정적인 에너지는 목표를 설정하고, 어려움 속에서도 포기하지 않고 꾸준히 집중할 수 있도록 도와준다.

긍정적인 사람들은 스스로에게 동기를 부여하고, 끊임없이 노력하는 원동력을 얻는다. 스트레스가 줄어들고 안정된 마음 상태를 유지함으로써 선택과 집중을 더욱 효과적으로 할 수 있게 된다. 이러한 긍정 에너지가 삶의 질을 높이는 중요한 요소임을 깨닫는 순간, 우리는 더욱 강력한 선택을 할 수 있는 힘을 얻게 된다.

### ▲ 긍정 에너지를 키우는 방법

긍정 에너지는 저절로 생기는 것이 아니다. 꾸준한 노력과 연습을 통해 키워나가야 한다. 긍정적인 생각을 가지기 위해 매사에 감사하는 마음을 갖고, 긍정적인 측면을 바라보는 연습을 해보라. 자신의 강점을 인식하고 스스로에 대한 믿음을 키우는 것도 중요하다.

또한, 긍정적인 에너지를 가진 사람들과 교류하며 함께 성장하는 기회를 만들어보자. 규칙적인 운동과 충분한 수면은 긍정적인 마음을 유지하는 데 큰 도움이 된다. 명확한 목표를 설정하고 이를 달성하기 위해 노력하는 과정에서 긍정 에너지를 얻을 수 있다. 이러한 방법들은 긍정적인 삶을 위한 기초를 다지는 데 필수다.

## ▲ 선택과 집중을 위한 긍정 에너지 활용법

긍정적인 마음 상태를 만드는 것은 매우 중요하다. 매일 아침 눈을 뜨면서 감사한 일 세 가지를 떠올려 보라. 감사 일기를 쓰거나 감사 카드를 작성하는 것도 큰 도움이 된다. 자신의 장점과 능력을 인정하고 스스로에게 칭찬과 격려를 아끼지 말라. "나는 할 수 있다"는 긍정적인 자기 암시는 효과적이다.

밝고 긍정적인 에너지를 가진 사람들과의 교류는 긍정적인 마음을 유지하는 데 큰 도움이 된다. 또한, 명상과 요가는 마음을 안정시키고 스트레스를 해소하는 데 효과적이다. 자신이 좋아하는 취미나 운동을 통해 긍정 에너지를 충전하는 것도 좋다.

이와 함께 목표 설정 및 우선 순위를 정하는 것이 중요하다. SMART-simple 심플한 목표를 설정하고, Eisenhower Matrix를 활용하여 우선순위를 정하면 효율적으로 목표를 달성할 수 있다.

## ▲ 선택 과정에서 긍정 에너지 활용하기

선택의 과정에서 긍정 에너지를 활용하는 방법은 여러 가지가 있다. 먼저 다양한 정보를 수집하여 객관적인 판단을 내리는 것이 중요하다. 매일 자신의 행동과 생각을 되돌아보며 개선할 부분을 찾아 실천해보자. 자신의 성과에 대해 긍정적인 피드백을 주고, 작은 성공에도 기뻐하는 마음을 가지는 것이 필요하다.

이러한 과정은 선택의 질을 높이고 집중력을 향상시키는 데 큰 도움이 될 것이다. 긍정적인 마음가짐이 삶의 여러 선택에서 어떻게 작용하는지를 이해하게 되면, 우리는 더욱 명확한 방향으로 나아갈 수 있다.

"긍정 에너지로 삶을 변화시키자."
긍정 에너지는 올바른 선택을 위한 나침반과 같고, 집중력은 목표를 향해 나아가는 추진력이다. 긍정적인 마음으로 자신의 길을 선택하고 목표에 집중하여 끊임없이 노력한다면 누구든지 성공적인 삶을 만들어갈 수 있다. 당신의 삶은 당신의 선택에 달려 있다. 긍정 에너지로 가득한 당신의 삶을 응원하며, 그 여정이 더욱 빛나기를 바란다.

내용 상세 보기 ▶

고유미
(메디컬코칭센터 대표)

# 기술 5:
# AI 시대, 집중력 필살기 '티칭'을 넘어 '코칭'하라

▲ **AI 시대, 메디컬 코칭으로 건강한 세상을 만든다.**

    AI 시대, 세상은 인공지능을 배우는 데 열광한다. 챗GPT, Deepseek, SUNO, Brew 등 이름도 생소한 인공지능이 세상에 나와 인간의 능력을 뛰어넘는 작품들을 선보이기 시작했다. 정치, 경제, 사회, 문화, 교육 등 세상의 모든 흐름이 AI를 향해 달려갔고, 사람들은 AI 기술을 숨 가쁘게 뒤쫓아 갔다. AI가 그림을 그려주고 노래를 만들어주고 글도 써주는 이 시대에, 만물의 영장이라는 인간은 무엇을 해야 할까?

나는 19년차 간호사이자, 한국코칭협회 전문코치(KPC)이다. 메디컬지식과 코칭의 철학을 기반으로 신체적, 정신적, 사회적 건강문제에 대한 해답을 스스로 찾고 해결할 수 있도록 돕고 있다. 한부모가정 공익코칭사업, 보건소 시각장애인 건강권사업, 특수교육청 발달장애인양육자성교육, 부모코칭, 청소년코칭, 성교육코칭을 하고 있다.

메디컬강의에 코칭의 철학을 도입하고 대상자 맞춤강의, 사례중심 강의, 문제해결중심의 강의를 진행하고 있다. 이렇게 생생하게 살아있는 강의가 학습자의 집중력을 높인다. 모두가 AI를 숨 가쁘게 쫓아갈 때, AI가 결코 해결해줄 수 없는 문제, 따뜻한 심장을 가지고 기꺼이 타인의 아픔의 눈물 흘릴 수 있고, 혼란스러운 세상에 제 갈 길을 찾지 못하고 휘청거리는 사람들에게 중심을 잡아줄 수 있는 그런 강의를 하는 '메디컬코치'다.

### ▲ AI 시대, 집중력 필살기 – '티칭'을 넘어 '코칭' 하라.

코칭은 집중력을 높이는 타이탄의 도구다. 코칭을 통해 학습자의 집중력을 높이고, 변화와 성장을 이끌어낼 수 있다. 코칭형 강의로 집중력을 높이는 방법은 다음과 같다.

첫째, 코칭 질문으로 강의를 시작한다.
"당신은 무엇을 원하는가?", "어떻게 하면 그 목표를 달성할 수 있을까?", "지금 당신을 막고 있는 것은 무엇인가?" 이러한 질문들은 상대방의 내면을 들여다보게 한다. 금연 코칭에서 "나는 2025년 1월 12일 뱃속에 아기가 태어나는 날 전까지 담배를 끊는다. 가족과 동료들에게 금연 결심을 알리고 보건소 금연 프로그램에 참여하고 금연 패치를 부착한다. 흡연 욕구가 생길 때는 견과류를 먹는다."와 같이 구체적이고 실천 가능한 목표를 세운다. 이렇게 계획을 세웠다는 참여자를 작년 12월경 만났다. 이미 목표한 시점보다 한 달 앞당겨서 느는 금연 패치를 붙이고 나타났고 담배를 끊었다고 말했다.

둘째, 공감으로 집중력을 유지한다.

인간은 많은 정보를 얻을 때보다 깊은 공감을 얻을 때 집중한다. 참여자가 술 담배를 끊지 못하는 이유, 당뇨병이 있지만 계속 간식을 먹고 폭식을 하는 이유, 고지혈증약을 먹지만 삼겹살을 끊지 못하는 이유는 사실 마음에 있다. 그래서 "술, 담배는 건강에 해로우니 끊으세요. 붉은 고기보다 신선한 야채와 과일을 섭취하세요."라는 방식의 교육이 효과를 내지 못하는 것이다. 스트레스가 심한 상황에서 스트레스에 대한 대처기전으로 술, 담배, 음식을 선택하고 그것이 질병으로 이어진 사람들에게는 메디컬 코칭으로 접근하여 자기돌봄과 스트레스 대처 기술을 향상시킨다. 그러면 다음은 저절로 해결되는 경우가 많다.

셋째, 스토리텔링으로 집중력을 유지한다.

이론만 전달하는 강의는 지루할 수 있다. 스토리텔링과 실제 사례를 활용해 학습자의 흥미를 끌어낸다. '목숨은 끊어도 담배는 못 끊는다는 당신에게'라는 금연 교육에서 도전적인 질문을 하는 참여자가 있다. "아이고, 강사님, 저는 목숨은 끊어도 담배는 절대로 못 끊어요. 내가 하는 일이 얼마나 스트레스가 심한 일인데요? 담배 끊으면 회사도 그만둬야죠. 나도 먹고 살려고 하는 거예요."

나는 "담배에는 7,000여 가지의 화학물질과 70여 가지는 발암물질이 들어있다."라고 말하지 않았다. 나는 담배의 유해성을 나열하는 대신, 스토리텔링을 시작했다. "여러분, 저는 폐식도암, 두경부암 병동에 근무했었는데요. 담배 30년 동안 피우고 폐암에 걸린 환자는 어떻게 숨을 쉬는지 아시나요? 세 걸음만 걸어도 숨이 차서 못 걸어요. 담배 연기가 입으로 들어가면서 혀부터 닿는 것 아시나요? 설암이 생기면 혀를 잘라내요. 혀가 없으면 말을 하지 못해서 글로 써서 소통해요. 삼키는 기능이 안 되서 밥 먹으면 질질 흘려요. 담배를 계속 피운다면 20년 후 당신은 누구와 함께 있나요? 당신의 건강은 어떤 상태인가요?"라고 메디컬코칭 질문을 던졌다. 금연 교육자료를 50분간 구구절절 읽어대는 것보다 내가 경험한 폐암, 설암 환자의 사례를 전하고 촌철살인의 코칭 질문을 던지는 것이 훨씬 효과적이었다.

넷째, 강사의 경험과 연결하여 집중력을 향상시킨다.

'커피를 물처럼 마시는 당신에게' 커피는 현대인에게 없어서는 안 될 필수품이 되었다. 아침을 깨우는 한 잔, 점심 식후에 집중력을 높이는 한 잔, 늦은 오후 친구와의 대화를 나누는 한 잔. 이렇게 커피를 마시고 밤에 잠이 오지 않아서 스마트폰으로 유튜브를 보다가 새벽 2시에 잠든 적이 있지 않은가? 나도 그렇다.

아침에도 계속 졸리다면 수면이 부족한 것이고 만성피로가 쌓인 것이다. 커피로 해결될 일이 아니라, 규칙적인 운동으로 체력을 높이고 스트레스를 조절하고 좋은 수면 습관을 가져야 한다. 그런데 현대인은 이렇게 정성을 들일 시간이 없다. 그래서 오늘도 빈속에 커피를 들이붓는다. 난 이렇게 말한다. "그렇게 커피를 물처럼 마시면 뼈에서 칼슘이 빠져나가서 뼈에 구멍이 송송나서 골다공증이 옵니다."라고 말했다. 이 말은 듣던 학습자들은 눈이 동그래지더니, 쉬는 시간 사람들이 변했다.

지난 쉬는 시간에 졸음을 쫓기 위해 커피머신으로 달려가던 사람들은 캐모마일, 귤피차, 라벤더 차를 가지고 와서 다시 책상 앞에 앉았다. "커피 계속 마시면 뼈에 구멍이 송송~난다잖아. 오늘부터 나는 허브차로 바꿀 거야." 나는 속으로 미소를 지었다. 커피와 골다공증, 한 줄의 멘트에 30년 커피로 살아오던 그들이 변했다. 누구나 한번쯤 했을 법한 개인의 경험을 연결하면서 함께 변화할 기회를 만들어 냈다.

넷째, 시각화 자료로 집중력을 유지한다.
연구에 따르면 일반 성인의 집중력은 보통 20분을 넘지 못한다. 그래서 60분 강의라면 나는 집중력이 떨어질 만한 시점에, 20분 간격으로 영상이나 사진 이미지를 넣어서 집중력을 유지할 수 있도록 돕는다. 뇌심혈관질환예방 교육에서 혈관에 기름때가 쌓이면 혈관이 막히는 영상, 뇌출혈로 뇌혈관이 터지는 영상, 뇌혈관질환 후유증으로 반신마비, 보행장애로 잘 걷지 못하는 영상을 보여준다. 그리고 강의 후기에는 "뇌혈관 터지면 즉사할 수도 있고 평생 장애인으로 살 수 있겠네요. 오늘부터 담배 끊고 하루 30분씩 운동하겠다."라고 말한다.

다섯째, 활동형 강의로 집중력을 유지한다.

강의 중에 수시로 학습자에게 마이크를 건네 발표를 하게 하고 앞에 나와서 롤플레이를 해보고, 책상과 의자를 모두 뒤로 밀고 근골격계질환 예방, 만성질환예방을 위한 운동실습을 진행한다. 이렇게 몸을 움직이고 발표하고 운동하는 강의에서는 학습자가 핸드폰을 만질 수도 없고, 꾸벅 꾸벅 졸 수도 없고 딴 생각을 할 수도 없다. 두 손과 두 발을 움직이고 입을 움직이고 몸과 마음을 온전히 강의에 참여하는데 써야하기 때문이다.

"인공지능을 넘어 인간 지능으로 승부할 때"

AI를 활용한 '티칭'은 넘쳐났고 사람들은 정보를 조합할 줄 몰랐다. 정보의 '풍요 속의 빈곤'이다. '앎'이 넘쳐나는 시대, 그러나 '삶'을 어떻게 살아야 할지 모르는 시대, 나는 강의를 통해 '건강하게 사는 법'을 알려주고 싶었다. 인공지능이 아무리 발전해도 넘볼 수 없는 영역이 있다. 그것은 바로 인간만이 가진 인간 지능의 능력이다.

이제는 인공지능(Artificial Intelligence)을 넘어, 인간 지능(Human Intelligence)으로 승부할 때이다. 인간의 삶에서 성장과 변화를 일으키기 위해, 실행계획을 세우고 '앎'이 '삶'이 되도록 하는 기술은 바로 코칭이다. 코칭형 강의를 통해 학습자의 집중력을 높이고, 그들이 더 나은 미래를 설계할 수 있도록 돕는다.

내용 상세 보기 ▶

**김수연**
(마음토닥힐링강사)

## 기술 6:
## 몰입의 황금 시간, 10분 집중력 부스팅 법칙

"강의 시작 첫 10분이 집중력을 좌우한다"

▲ 집중력은 강의 시작 10분이 결정한다.

강의실에 들어가자마자 청강자들을 바라보면 대부분이 스마트폰을 보거나, 한쪽에서는 조용히 하품, 다른 쪽에서는 옆 사람들과 이야기하고 있는 주위가 어수선한 산만한 경험을 강사라면 누구나 한 번쯤 겪어보는 일이다. 그때는 이미 집중력이라고는 찾아볼 수 없는 상황이다. 이런 상황에서 강의가 시작되면 어떻게 될까? 초반부터 무너진 집중력을 되돌리는 건 어렵다. 강사가 아무리 열정적으로 말해도, 이미 흩어진 주의력을 되찾기란 쉽지 않다. "도대체 청강자들은 왜 이렇게 집중을 하지 못하는 걸까? 이유는 단순하다.

연구에 따르면, 사람의 뇌는 처음 10분 안에 집중할 준비를 마치고, 집중력은 강의 시작 후 10분 내외에 최고조에 도달하며, 이후 점차 감소하기 시작한다고 한다. 따라서 강사는 이 시간을 놓치면 이후에는 집중력을 되찾기가 어렵다. 이렇게 강의 시작 후 10분이 그날 강의의 학습효과를 결정하는 핵심 구간이다. 그렇다면, 어떻게 해야 할까? 방법은 단순하다. 수업의 첫 10분을 청강자들이 뇌를 빠르게 활성화하는 전략을 활용해야 한다.

▲ **집중력 부스팅을 위한 10분 전략**

① 호기심을 깨우는 강력한 질문 던지기
"여러분 만약에 1억 원이 생긴다면 첫 번째로 뭘 하시겠어요?"
강의 시작과 동시에 예상치 못한 질문을 던지면, 청강자들의 뇌는 자동으로 답을 찾기 위해 활성화된다. 이때가 바로 집중력이 몰리는 순간이다. 이런 질문은 단순하지만 강력한 힘을 가지고 있다. 청강자들은 답을 찾기 위해 생각해야 하고, 자연스럽게 청강자들의 주의가 수업으로 향하게 된다.

② 짧은 활동 제시: 짧은 몸 활동으로 뇌 깨우기
"모두 오른손을 들고 손가락을 튕겨 보자."

신체를 움직이면 뇌의 활성도가 올라가고, 이런 간단한 신체 활동은 뇌의 집중력을 높이는데 효과적인 방법으로 강의 전에 청강자들에게 간단한 동작들을 추가하게 되면 강의 내용이 더 잘 흡수된다. 이런 간단한 동작이나, 활동이 단순해 보이지만, 실제로 청강자들의 신경을 깨우는 효과가 있다. 짧은 활동이 집중력 부스팅에 효과적인 이유는?

"뇌는 움직임과 함께 더 잘 작동하기 때문이다."

③ 집중 신호 만들기: " 집중력 스위치 ON! "

강사는 강의실에서 특정 신호를 정해두고 반복적으로 활용하면 효과적이다.
- 박수 3번: "집중할 준비 되었나요?" 짝 짝 짝!
- 제스처 활용: 강사가 손을 들면 모두 조용히 집중한다.

이렇게 반복되는 신호는 청강자들에게 자연스러운 집중을 유도 한다.

▲ **강의의 첫 10분을 지배하는 자, 집중력을 지배한다.!**

강사는 단순한 지식 전달자가 아니다. 집중력을 컨트롤 하는 연출자다. 오늘부터 강의 첫 10분을 바꿔보자. 질문, 활동, 이야기, 신호를 활용해서 청강자들의 뇌를 깨우면, 그날의 수업 몰입도는 완전히 달라질 것이다. 이렇게 "강의 첫 10분을 지배하는 자, 집중력을 지배한다."

내용 상세 보기 ▶

**김순화**
(동명대학교 평생교육원 주임교수)

## 기술 7:
## 즉흥 안무, 현존하는 나를 만나는 집중력 기술

    우리는 때로 해야 할 일에 집중하지 못하고 마음이 다른 곳으로 향하는 경험을 한다. 정보의 홍수 속에서 산만해지기 쉽고, 눈앞의 일에 온전히 몰입하기란 여간 어려운 일이 아니다. 어떻게 '지금 여기'에 집중하는 힘을 기를 수 있을까? 이 책에서는 다양한 집중력 향상 기술을 탐색하며, 이번 챕터에서는 '즉흥 안무'라는 예술적 행위를 통해 몸과 마음의 집중력을 일깨우는 방법을 소개한다.

즉흥 안무는 무대 위 기술적인 완벽함보다는 '현존(Presence)'과 '순간의 몰입'에 초점을 맞춘, 자기 발견의 여정이다. 즉흥 안무 참여자들은 이렇게 정의한다.

> 즉흥이란 인간 움직임의 자연스러운 탐구이다.
> 즉흥이란 누군가를 그곳에 오롯이 만나는 것.
> 즉흥이란 지금 나의 몸의 On Air.
> 즉흥이란 현존하는 나와 우리를 만날 수 있는 길.
> 즉흥이란 언어를 초월한 커뮤니케이션.
> 즉흥이란 굳어져 가는 일상에서의 탈피.
> 즉흥이란 나도 몰랐던 나 자신과의 발견과 만남.

이 정의들에서 보듯, 즉흥 안무는 우리를 '지금, 이곳'에 있는 내 몸과 주변 공간, 타인과의 관계에 온전히 집중하게 만든다. 이것이 우리가 추구하는 집중력의 핵심이다.

### ▲ 왜 즉흥 안무가 집중력 향상에 필요한가?

우리는 남이 만든 틀에 익숙해져 있다. 자기 계발도 '성공 사례 복사하기'에 몰두하는 경우가 많다. 하지만 진정한 집중력은 외부 정보 수용을 넘어, 내 안의 감각과 생각에 귀 기울이고 순간 변화에 창의적으로 반응할 때 깊어진다.

즉흥 안무는 이 부분을 훈련한다. 단순히 '몸이 가는 대로' 움직이는 것이 아니라, 순간순간 달라지는 공간, 시간, 움직임, 파트너와의 관계를 고려하며 실시간으로 움직임을 '구성'해야 한다. 이는 주변 환경과 자신의 상태를 인지하고 최적의 반응을 선택하는 과정이다.

이 과정에서 뇌가 활발해진다. 좌뇌의 논리력과 우뇌의 창의력이 연결되며 새로운 움직임이 만들어진다. 이는 고도의 정신적 집중을 요구한다. 즉흥 안무를 통해 다음과 같은 집중력 관련 능력을 기를 수 있다.

- 현존 집중력: '지금 이 순간'의 오감을 느끼는 훈련을 통해 순간 몰입 능력이 향상된다.
- 반응적 집중력: 예측 불가능한 상황에서 빠르게 인지하고 창의적으로 반응하는 유연한 집중력을 기른다.
- 관계적 집중력: 타인과의 교감 훈련을 통해 상호작용 속에서 집중력을 유지하는 능력이 길러진다.
- 신체 자각 집중력: 몸의 감각에 세밀하게 집중하며 내면으로 주의를 돌리는 힘을 기른다.

▲ **과학적 근거를 넘어선 신비로운 만남**

즉흥 안무는 뇌 기능 활성화와 신체 인지 능력 향상에 긍정적 영향을 미친다. 특정 움직임은 뇌를 자극하고, 실시간 판단은 인지 유연성을 높인다. 해부학적 이해는 움직임을 풍요롭게 하지만, 즉흥 안무의 진정한 힘은 눈에 보이지 않는 감정, 에너지, 영감의 세계를 탐구하는 과정에 있다.

우리는 눈에 보이는 것만을 '안다'고 착각하며 살아간다. 하지만 무언가를 안다는 것은 시각 정보 너머의 감각을 총체적으로 받아들이는 것이다. 눈을 감고 주변 소리, 냄새, 공기 흐름에 집중하거나, 몸을 두드리며 내면의 울림에 귀 기울일 때 새로운 사실을 발견한다. 즉흥 안무는 비시각적 감각을 일깨워 인간 신체의 신비로운 잠재력을 발견하게 한다. 이 발견 과정 자체가 깊은 몰입과 집중을 필요로 한다. 즉흥 안무는 바로 이 '신비로운 만남'을 가능하게 하는, 집중력 향상을 위한 강력하고 재미있는 도구이다.

### ▲ 즉흥 안무를 통한 집중력 훈련 단계 (실행 매뉴얼)

즉흥 안무는 특별한 준비물이나 기술을 필요로 하지 않는다. 중요한 것은 '시도하겠다는 마음'과 '놀이하듯 즐기는 태도'이다. 다음은 일상에서 시도해볼 수 있는 즉흥 안무 기반의 집중력 훈련 예시이다. '잘하고 못하고'의 기준은 잊고, 과정 자체에 집중하자.

- 공기 조각가 되기: 주변 '공기'를 상상하고, 그것으로 모양을 만들거나 던지는 동작을 하며 공기의 질감과 무게를 느끼는 데 집중한다. [효과: 보이지 않는 대상과의 상호작용을 통해 상상력과 현실 감각을 연결하며 집중력을 깊게 한다.]
- 손끝 감각 깨우기: 손가락 움직임에 집중하며 즉흥적인 손 안무를

만든다. 특정 지압점을 누르며 느껴지는 감각에 집중한다. [효과: 신체의 미세한 부분에 집중하며 정교한 주의 집중 능력을 기른다.]
- 일상 도구의 변신: 흔한 물건(칫솔, 젓가락, 옷 등)을 악기나 다른 용도로 상상하며 상호작용하는 움직임을 만든다. [효과: 고정관념을 깨고 새로운 가능성을 탐색하며 창의적인 집중력을 발휘한다.]
- 나만의 박자 만들기: 익숙한 박자에서 벗어나 자신만의 독특한 박자를 만들고 그에 맞춰 움직여 본다. [효과: 패턴에서 벗어나 새로운 규칙을 따르며 유연한 집중력이 길러진다.]
- 자연물과의 대화: 상상 속 나뭇잎 하나를 떼어내며 숫자를 세는 동작을 한다. 나뭇잎의 질감, 소리 등을 상상하며 몰입한다. [효과: 자연 요소를 활용한 상상 놀이를 통해 감각적인 몰입도를 높인다.]
- 내 몸 탐험하기: 눈을 감고 신체를 두드리거나 쓰다듬으며 느껴지는 감각에 집중한다. 몸의 반응을 알아차리는 데 집중한다. [효과: 시각에 의존하지 않고 몸의 감각에 집중하며 내면으로 주의를 돌리는 힘을 기른다.]
- 공간과 관계 맺기: 공간의 빈 부분이나 파트너 신체 사이의 '빈 공간'을 인식하며 움직여 본다. 공간의 형태, 크기 등을 상상하며 관계 맺듯 움직인다. [효과: 자신, 타인, 환경 사이의 관계와 공간을 인지하며 복합적인 집중력을 기른다.]

즉흥 안무는 춤을 추는 것이 아니라, 순간에 현존하고, 내면과 외부 세계에 귀 기울이며, 창의적으로 반응하는 '살아있는 집중력 훈련'이다. 이 과정을 통해 우리는 잠재력을 발견하고, 삶의 다양한 순간에 온전히 몰입하는 힘을 기를 수 있다. 즉흥 안무를 당신의 집중력 혁명을 위한 강력하고 재미있는 도구로 활용해 보자!

내용 상세 보기 ▶

**나윤희**
(국공립어린이집 원장)

# 기술 8:
# 마음을 읽는 자, 집중을 지배한다: 공감과 성공 체험의 비밀

우리는 정보 과부하와 끊임없이 주의를 빼앗는 환경 속에서 살아간다. 눈앞의 일에 온전히 집중하기란 쉽지 않은 도전이 되었다. 이러한 집중력 부족은 학습, 업무 효율 저하는 물론, 인간관계에도 부정적인 영향을 미친다. 단순히 방해 요소를 제거하는 것만으로는 한계가 있다. 우리 내면의 집중력을 자연스럽게 끌어올릴 수 있는 근본적인 방법이 필요하다. 그리고 놀랍게도, 그 핵심에 바로 '공감'과 '성공 체험'이 있다. 언뜻 집중력과 거리가 멀어 보이는 이 두 가지 요소가 어떻게 우리의 집중력을 극대화하는 마법이 될 수 있는지, 그 비밀을 파헤쳐 본다.

### ▲ 공감과 성공 체험, 집중력의 과학

그렇다면 공감과 성공 체험은 왜 집중력에 강력한 영향을 미치는 걸까? 여기에는 우리 뇌와 감정의 복잡한 상호작용이 숨어 있다.

**가. 마음을 연결하는 공감의 힘**

우리가 타인에게 공감하거나 타인으로부터 공감을 받을 때, 뇌에서는 긍정적인 생화학적 변화가 일어난다. 특히, 옥시토신(Oxytocin) 같은 호르몬 분비가 증가하여 타인과의 신뢰와 유대감을 깊게 한다. 이러한 유대감은 심리적 안정감을 제공하며, 불안감의 원인이 되는 코르티솔(Cortisol) 수치를 낮추는 데 도움을 준다. 스트레스가 줄어든 마음은 자연스럽게 산만함에서 벗어나 눈앞의 과제에 더 잘 집중할 수 있게 된다. 공감이 형성된 환경, 즉 정서적 안정감이 확보된 상태는 우리가 특정한 활동에 깊이 몰입하는 '플로우(Flow)' 상태로 진입하는 것을 촉진한다. 결국 공감은 타인과의 연결을 넘어, 내면의 안정감을 통해 집중의 문을 여는 열쇠가 되는 것이다.

**나. 성취감을 부르는 성공 체험의 원리**

우리가 목표를 설정하고 이를 달성했을 때 느끼는 성취감은 집중력을 지속시키는 강력한 동기가 된다. 작은 목표라도 달성하는 순간, 뇌에서는 도파민(Dopamine)이라는 신경전달물질이 분비된다. 도파민은 우리 뇌의 보상 회로를 자극하여 그 행동을 다시 하고 싶게 만들고, 이는 집중력을 유지하고 강화하는 원동력이 된다. 또한, 즉각적인 피드백과 칭찬 같은 긍정적인 보상은 전두엽의 활성도를 높여 주의 집중력을 더욱 강화한다. 흥미로운 것은, 실제로 성공을 경험하지 않더라도 미리 성취를 상상하는 것만으로도 뇌의 보상 시스템이 활성화되어 집중력이 향상될 수 있다는 점이다. 성공 체험은 단순히 결과가 아니라, 그 과정을 통해 우리의 뇌를 집중 모드로 전환시키는 강력한 메커니즘이다.

### ▲ 실행 매뉴얼: 공감과 성공 체험으로 집중력 훈련하기

이제 공감과 성공 체험을 우리의 집중력 향상 무기로 만드는 구체적인 방법을 알아본다. 이 기술들은 일상생활 속에서 쉽게 적용 가능하며, 꾸준히 실천할 때 놀라운 변화를 가져올 수 있다.

#### 가. 공감을 통한 집중력 강화 기술

1단계: 적극적 경청 훈련
상대방의 말에 귀 기울이는 것부터 시작한다. 단순히 듣는 것을 넘어, 고개를 끄덕이거나 눈을 맞추며 "그랬군요!", "정말 좋은 아이디어네요!"와 같이 진심 어린 반응을 보여 관심을 표현한다. 상대가 존중받고 이해받는다고 느낄 때, 그와의 상호작용 속에서 당신의 집중도도 자연스럽게 깊어진다.

2단계: 비언어적 공감 활용

말보다 강력한 것이 비언어적 표현이다. 미소 짓기, 상대의 감정에 맞춘 표정 변화, 차분한 목소리 톤 등 비언어적인 신호로 신뢰감과 안정감을 형성한다. 이러한 분위기는 당신 자신의 마음 또한 편안하게 만들어 불필요한 긴장이나 산만함을 줄이고 집중력을 높여준다.

3단계: 마음의 거울 기술

상대방이 느끼는 감정을 파악하고 그것을 다시 표현해 주는 연습을 한다. "힘든 과정이었겠어요.", "기분이 정말 좋으시겠네요."와 같은 표현을 사용한다. 상대의 감정을 '읽어내는' 이 과정 자체는 상대에게 집중하는 훌륭한 훈련이며, 상대와의 깊은 연결을 통해 당신의 몰입도를 높인다.

나. 성공 체험을 통한 집중력 강화 기술

1단계: '5분 성공' 목표 설정

거창한 목표 대신, "책 5분 읽기", "업무 자료 한 페이지 읽기"처럼 짧고 쉽게 달성할 수 있는 작은 목표를 설정한다. 이 작은 목표를 달성할 때마다 뇌는 도파민 보상을 받고, 다음 목표에 집중할 동기를 얻는다. 작은 성공이 반복될수록 몰입 상태로 진입하기 쉬워진다.

2단계: 즉각적인 피드백으로 보상 자극

작은 목표를 달성했을 때 스스로에게 혹은 타인에게 즉각적인 긍정 피드백을 제공한다. "이 부분 정말 잘 해냈어!", "논리적으로 잘 정리했네!"

와 같은 구체적인 칭찬은 뇌의 보상 시스템을 강력하게 활성화하여 다음 집중을 위한 강력한 동기 부여가 된다.

3단계: 미래 성취 상상하기

실제로 과제를 시작하기 전에, 그 과제를 성공적으로 마쳤을 때의 뿌듯함, 만족감, 얻게 될 결과 등을 생생하게 상상한다. "이걸 끝내면 얼마나 뿌듯할까?", "성공적인 발표 후 청중의 박수 소리를 상상해 보자." 이 상상만으로도 뇌의 보상 시스템이 활성화되며, 목표 달성을 향한 집중력이 극대화된다.

"공감과 성공 체험으로 집중력을 지배하다."

집중력은 단순히 의지로만 되는 것이 아니다. 타인의 마음을 이해하고 공감하는 능력, 그리고 작은 성공을 전략적으로 경험하는 과정을 통해 우리 뇌의 보상 시스템과 정서적 안정감을 활용하는 것, 이것이 바로 산만한 시대를 살아가는 우리가 집중력을 지배하는 강력한 기술이다. 마음을 읽어 연결하고, 성공을 체험하며 동기를 부여하는 이 기술을 반복적으로 훈련할 때, 우리는 더 깊은 몰입 상태에 도달하고 궁극적으로 더 높은 성과를 얻을 수 있게 될 것이다.

**박경순**
(브릿지교육연구소 성교육 전문 강사)

## 기술 9:
## 집중력 향상의 골든타임:
## 아이들의 미래를 위한 황금기

이 황금기의 효과를 극대화하기 위해 우리는 아이들을 위한 최적의 환경을 조성하고 올바른 접근 방식을 적용해야 한다.

첫째, 집중을 위한 물리적 공간을 마련하는 것이 중요하다. 주변 소음과 시각적인 방해 요소를 최소화한 조용하고 정돈된 공간은 아이가 오롯이 과제에 몰입할 수 있도록 돕는다. 수업과 무관한 장난감이나 시선을 빼앗는 물건을 치워 시각적 자극을 줄이고, 아이의 수준과 흥미에 맞는 적절한 교구를 제공하는 것도 과제에 대한 몰입도를 높이는 중요한 요소다.

둘째, 작은 목표 설정과 시간 관리이다. 아이들에게 처음부터 거창한 목표를 제시하기보다는, 쉽게 달성 가능한 작은 단위로 과제를 나누어 제시한다. '책 5분 읽기', '문제 2개 풀기'와 같이 작은 성공 경험을 쌓게 하면, 아이들은 성취감을 통해 다음 단계에 집중할 강력한 동기를 얻는다. 각 활동에 적절한 시간 제한을 두는 것 또한 집중력을 높이는 효과적인 방법이다.

마지막으로, 긍정적인 피드백과 격려가 필수적이다. 아이가 집중하는 모습을 발견했을 때, 단순히 "잘했어" 대신 구체적인 행동을 칭찬하여 어떤 행동에 집중해야 하는지 인지시킨다. "네가 방금 이 문제를 풀 때 눈을 반짝이며 끝까지 집중하는 모습이 정말 멋졌어!"처럼 구체적인 칭찬과 작은 성취에도 아낌없는 격려를 보내어 '나도 해낼 수 있다'는 자기 효능감을 키워 주어야 한다. 이것이야말로 아이들이 스스로 집중을 선택하게 만드는 가장 강력한 마법이다.

### ▲ 실패 속에서 발견한 집중력의 비밀: 경험 사례

이론만으로는 부족할 때가 있다. 실제 수업 현장에서 겪었던 경험은 우리에게 귀중한 깨달음을 준다.

나 역시 초등학생 아이들을 가르치면서 집중력의 벽을 여러 번 마주했다. 특히 고학년 수업에 익숙했던 제가 저학년 아이들을 만나면서, 짧은 집중 시간과 어수선함에 당황했던 경험이 있다. '저학년이라서 그렇겠지' 생각했지만, 수업의 질이 떨어지는 것에 스스로 자존감이 낮아지는 것을 느꼈다. 처음에는 흥미를 보였던 블록 수업조차 금세 산만함으로 바뀌었다. 몇 년 전에는 효과가 있었던 교구가 이제는 스마트폰 게임 등에 익숙해진 아이들의 니즈를 충족시키지 못한다는 것을 뒤늦게 깨달았다. 그림책을 접목해 보았지만, 가만히 앉아 그림책을 듣는 것조차 힘들어하는 아이들 앞에서 다시 한번 좌절했다. 이는 아이들의 흥미를 유발하는 것을 넘어, 그 흥미를 실질적인 '집중'으로 연결하는 더 적극적인 방법이 필요함을 온몸으로 느끼게 한 실패 경험이었다.

실패를 통해 아이들 뇌의 특성, 특히 보상 시스템 활성화의 중요성에 주목하며 방법을 강구했다. 마침내 찾아낸 방법이 바로 '띵동 퀴즈'라는 기발한 아이디어였다. 그림책을 읽어주다가 특정 단어나 내용 부분에서 '띵동' 하며 퀴즈를 내고, 맞춘 아이에게 작은 간식과 함께 아낌없는 칭찬과 격려를 해 주었다. 결과는 놀라웠다. 이 간단한 방법 하나로 아이들의 집중력이 몰라보게 향상되었다. 아이들은 퀴즈를 맞추고 보상을 받기 위해 그림책 내용에 귀 기울였고, 이것이 자연스러운 집중력 훈련으로 이어졌다. 그림책 내용 기반의 블록 활동 역시 들었던 내용을 다시 떠올리며 손을 움직이는 과정에서 뇌 활성도를 높여 집중력을 더욱 배가시켰다. 책상 위를 깨끗이 비우는 환경 조성과 완성품에 대한 구체적인 칭찬 또한 아이들의 집중과 성취감에 크게 기여했다. 이 경험은 아이들의 뇌가 어떻게 반응하는지 이해하고 수업에 적용하는 것이 얼마나 중요한지를 깊이 깨닫게 했다.

### ▲ 수업에 당장 적용 가능한 '집중 스위치' 미션

그렇다면 우리 수업이나 가정에서 당장 시도해볼 수 있는 구체적인 '집중 스위치' 미션들은 무엇일까? 아이들의 주의를 효과적으로 모으고 집중 모드로 전환시키는 간단하지만 강력한 방법들이다.

- 이음말 미션: 강사가 특정 단어(예: '조용한')를 말하면 아이들이 미리 약속한 단어(예: '2반!')로 외치며 일제히 주의를 집중하는 방법이다. 공동의 외침은 일체감과 함께 순간적인 집중을 유도한다.
- 왼손 미션: 수업 시작 시 모든 아이가 동시에 왼손을 들게 하여 수업 준비가 되었음을 시각적으로 확인하고 마음을 모으는 기법이다. 간단한 신체 행동으로 의도적인 집중을 시작하게 한다.
- 클립퍼 미션: 영화 촬영처럼 "레디 액션!"과 함께 클립퍼를 치며 수업 시작을 알리고, 활동이 끝날 때는 "컷!"과 함께 다시 치며 활동의 전환을 명확히 인지시키는 방법이다. 시각적, 청각적 신호로 시작과 끝을 분명히 하여 몰입 시간을 분리한다.
- 태극기 집중법 미션: 수업 시작 시 아이들이 모두 함께 교탁 옆 태극기나 특정 상징물을 10초간 바라보게 하여 시각적 집중을 유도하고 마음을 차분히 가라앉히는 방법이다. 공동체가 함께 하나의 대상을 바라보는 것만으로도 큰 집중 효과가 있다.
- 호흡 미션: 수업 시작 전 잠시(예: 5초) 침묵하며 함께 들숨과 날숨을 쉬는 짧은 호흡 시간을 갖는다. 이를 통해 아이들은 마음을 가라앉히고 산만함을 줄여 수업에 임할 준비를 할 수 있다. 자신의 내면에 집

중하는 간단한 연습이다.

### ▲ 아이의 미래를 위한 가장 중요한 선물

다시 한번 강조한다. 초등학생 시기의 집중력 교육은 아이의 미래를 위한 가장 중요한 투자이다. 이 시기에 길러진 집중력은 아이의 삶 전체에 걸쳐 긍정적인 영향을 미친다. 정보를 효과적으로 처리하고 기억하는 능력인 학습 효과가 비약적으로 증진되고, 스스로 목표를 설정하고 계획을 실행하는 자기 주도적 능력이 크게 향상된다. 또한 타인의 말에 경청하고 공동 활동에 몰입하는 경험을 통해 사회성이 건강하게 발달하며, 어린 시절부터 집중하는 습관은 평생 학습의 바른 습관으로 이어져 지속적으로 성장하는 사람으로 자랄 수 있는 밑거름이 된다.

초등학생 시기는 아이들의 무한한 가능성을 이끌어낼 결정적인 골든 타임이다. 이 시기를 놓치지 않고, 아이들의 뇌 발달 특성을 이해하며 공감과 격려, 그리고 위에서 소개한 구체적인 기술들을 활용하여 집중력이라는 강력한 무기를 장착하도록 지원해야 한다. 마음을 읽고, 아이들의 성장 단계에 맞는 과학적인 접근을 할 때, 우리는 아이들이 산만한 세상을 넘어 자신의 삶에 온전히 몰입하는 힘을 길러줄 수 있다. 이 황금기에 집중력을 키우는 것이야말로 아이들에게 줄 수 있는 최고의 선물이다.

내용 상세 보기 ▶

**박진연**
(Mom's College 대표)

# 기술 10:
# 집중과 깨어 있음, 그 통합의 여정 마음 챙김

우리는 지금, 정보의 홍수 속에서 살아간다. 시간과 공간을 초월해 쏟아지는 정보 속에서 매 순간 무엇에 주의를 기울일 것인가는 생존의 문제가 되었다. 주의가 가는 만큼 인식되고, 주의를 유지한 만큼 기억되기 때문이다. 특히 교육 현장에서 교육생들의 주의를 어떻게 모으고 유지 시키는가는 강의의 성패를 가르는 핵심 과제다.

더구나 비자발적인 교육 참여가 많은 청소년들에게 집중력 문제는 개인의 어려움을 넘어 교실 전체의 분위기에 영향을 미친다. 청소년 교육에서 집중력 문제를 성공적으로 다룰 수 있다면, 그 경험은 성인 교육에서 '집중력 달인'이 되는 귀한 밑거름이 될 수 있을 것이다. 청소년 교육의 한 사례를 통해 집중력 문제 해결의 실마리를 찾아보자.

### ▲ 주입식 강의의 한계, 그리고 '소리'의 마법

에너지 넘치고 호기심 많은 청소년은 주입식 교육에 쉽게 지루함을 느낀다. 필수 교육이라 해도 일방적인 전달 방식으로는 집중을 기대하기 어렵다. 실제로 중학교에서 학교폭력예방교육을 기존 자료로 주입식 강의를 했을 때, 그 결과는 참담했다. 학생들은 처음부터 지겨워하거나 산만했고, 세 학급을 진행한 후 강의 방식을 바꿔야겠다고 절감했다.

기존 강의 형태 대신 명상에서 사용하는 싱잉볼 소리에 주의를 기울여 느끼도록 했다. 처음에는 의아해하던 아이들은 점차 눈을 감고 소리에 집중하기 시작했다. 주의가 다른 곳으로 가면 부드럽게 다시 소리로 가져오도록 안내했다. 그렇게 3분 정도 소리를 느끼게 하자, 산만함은 가라앉고 고요함 속에서 에너지가 모이는 것이 느껴졌다. 아이들의 표정이 부드러워지고 자세를 고쳐 앉았다. 비로소 수업을 들을 준비가 된 것이다.

소리를 통해 느낀 점을 나누자 다양한 이야기가 나왔고, 아이들은 같은 소리에도 각자 다르게 느낀다는 것을 깨달았다. 이것이 바로 우리가 서로의 다름을 존중해야 할 이유임을 자연스럽게 배웠다. 이 경험은 자신의 내면과 타인의 다름을 알아차리는 '마음챙김' 훈련이 2시간의 학교폭력예방 교육을 성공으로 이끌었음을 증명한다. 아이들은 시간이 짧다고 아쉬워하며, 자신과 서로에 대한 이해와 공감이 깊어졌다고 소감을 나누었다.

### ▲ 마음챙김: 집중을 넘어 깨어있음으로

마음챙김(Mindfulness)은 현재 순간에 자신의 내적, 외적 경험에 주의를 기울여 '알아차리는' 훈련이다. 명상은 주의 방식에 따라 집중 명상과 마음챙김 명상으로 나뉜다. 집중 명상이 한 대상에 강하게 주의를 가져온다면, 마음챙김 명상은 주의를 부드럽게 움직인다. 그래서 마음챙김은 몸과 마음의 이완과 회복을 돕고, 부드럽고 너그러운 태도를 기르게 한다.

마음챙김을 통해서도 집중력은 향상된다. 자신을 다그치지 않고 부드럽게 한 대상에 주의를 기울이는 연습을 한다. 하지만 마음챙김은 단순히 집중력을 넘어 '깨어있음'의 기술로도 활용된다. 주의 대상을 하나에 한정하지 않고 몸과 마음 전체로 확장하여, 동시에 여러 가지를 알아차리면서도 흔들리지 않는 집중력을 기를 수 있다. 이는 학습 능력, 감정 조절, 공감적 소통, 지혜, 창의성까지 확장되는 무궁무진한 긍정적 효과를 가져온다.

실제로 서울 강남의 한 고등학교는 매일 아침 방송으로 5분 호흡 마음챙김 명상을 한다. 이는 아이들의 교과 학습 집중력을 높일 뿐 아니라, 자신의 감정을 빠르게 알아차리고 충동을 조절하는 자기 통제력을 길러 준다. 교육생의 상태에 따라 호흡이든, 소리든, 혹은 걷기 명상이든, 잠시 멈취 자신의 몸과 마음에 주의를 기울이는 짧은 마음챙김 훈련은 수업의 시작을 바꾸는 강력한 도구가 된다. 단, 마음챙김의 원리를 올바르게 이해하고 적용하는 것이 중요하다.

### ▲ 수업 시작을 바꾸는 마음챙김 기반 '아이스 브레이킹'

마음챙김을 활용한 아이스 브레이킹 활동은 학습 전 분위기를 다잡고 집중력을 높이는 매우 효과적인 방법이다. 다음은 현장에서 바로 적용해 볼 수 있는 간단한 미션들이다.

- 세 번의 깊은 호흡: 수업 시작 전 천천히 깊은 숨을 들이마시고 내쉬며 마음을 가라앉힌다.
- 감각 깨우기 게임: 주변 소리, 몸의 감각, 냄새 등 오감을 활용하여 현재 순간에 집중한다.
- 기분을 색깔로 표현: 자신의 기분을 특정 색깔에 비유하며 내면을 알아차리는 연습을 한다.
- 마음챙김 걷기: 잠시 천천히 걸으며 발바닥 느낌 등 신체 감각에 주의를 기울인다.
- 감사 나누기: 오늘 감사했던 작은 일을 떠올리며 긍정적 마음 상태를 만든다.

이러한 활동들은 아이들의 주의를 효과적으로 모으고, 산만함을 줄이며, 수업에 몰입할 준비를 돕는다. 그 효과는 수업 전후 집중력 테스트, 과제 집중 시간 측정 같은 객관적 방법이나 자기 평가 점수, 강사 관찰 기록 같은 주관적 평가를 통해 확인할 수 있다.

"마음챙김으로 집중력 혁명을 이끌다."

집중력 저하 시대, 마음챙김은 단순한 명상을 넘어 학습 집중력을 혁신적으로 높이는 강력한 도구이다. 현재 순간에 깨어있고 자신의 내면을 알아차리는 훈련은 집중력을 강화할 뿐 아니라 감정 조절, 공감, 창의성 등 아이들 성장에 필수적인 다양한 역량을 함께 길러 준다.

우리는 이제 그 내용을 완전히 '삼키는' 능력을 아이들에게 길러주어야 한다. 마음챙김을 활용한 집중력 혁명을 통해, 교육의 효과를 극대화하고 아이들이 자신의 삶에 온전히 몰입하는 힘을 갖추도록 돕는 것, 이것이야말로 이 시대 교육이 나아가야 할 방향이다.

**배혜숙**
(행복 성공 진로 코치)

## 기술 11:
## 학생 활동으로 빚어낸 집중의 예술

강의실에서 학생들의 주의를 사로잡아서 수업에 집중하게 하는 일은 고도의 창조적인 예술과 같다. 수업의 내용이 아무리 유익하고 귀하다 할지라도 학생들이 수업에 적극적으로 참여하지 않고 수동적인 자세로 일관한다면, 강사가 애초에 의도했던 깊이 있는 교육 목표에 도달하기가 쉽지 않고 학생들의 집중력은 이내 모래성처럼 쉽게 흩어지고 만다. 그렇다면 어떻게 해야 학생들이 강사의 인도에 완전히 매료되어 스스로 수업에 강한 흥미를 느끼고, 그 흥미를 계속 유지해서 오랫동안 깊이 몰입하게 만들 수 있을까? 오랜 세월 동안 교육 현장에서 찾은 답은 바로 정적인 주입식 강의의 틀을 깨고, 학생들이 몸과 마음을 움직이며 생각하고 토론하고 발표하는 활동 중심 수업에 있었다.

학생들이 주도적으로 참여하는 활동이야말로 집중력을 자연스럽게 끌어올리는 가장 강력한 방법이다. 이 장에서는 필자가 오프라인 교실 현장에서 직접 경험하며 터득한, 학생 활동을 통해 '집중의 예술'을 어떻게 빚어내는가에 대한 실제 사례를 통해 그 비밀을 독자들과 함께 공유하고자 한다.

### ▲ 수동적 학습의 한계: 변화를 결심한 순간

나는 강사로서 다양한 분야에서 활동해 왔지만, 특히 SQ(영성지능) 기반 진로 수업을 통해 수많은 초·중·고등학생들과 대학생들을 만나면서 교육의 최전선에 있었다. 강의 초기에는 준비한 PPT 자료의 내용을 한 글자도 빠짐없이 학생들에게 정확하고 논리적으로 전달하는 데만 온 힘을 쏟았다. 학생들이 내 강의를 집중해서 잘 듣고 받아들이기만 하면 기존의 잘못된 고정관념이 깨지고 자연스럽게 그들의 마음과 태도에 긍정적인 변화가 일어날 것이라고 굳게 믿었기 때문이다.

하지만 그렇게 3년이라는 시간이 흐르면서 '과연 내 강의 내용이 학생들의 마음에 감동을 주고 있을까?', '이들이 정말 긍정적인 변화를 경험하고 있을까?' 하는 근본적인 의문이 들기 시작했다. 동영상 자료와 흥미로운 그림까지 동원하며 나름 열정적으로 설명했지만, 학생들은 여전히 수동적으로 듣기만 할 뿐이었다. 처음에는 잠깐 흥미를 갖는 것 같았지만 20분 정도가 지나자 눈빛이 흐려지고 자세가 흐트러지면서 점점 지루해하는 모습이 역력했다. 수업이 끝난 후 학생들의 머릿속에 남은 것이 거의 없다는 충격적인 현실을 마주했을 때, 지금까지의 내 강의 방식을 전면적으로 바꾸지 않으면 안 된다는 사실을 절실히 깨달았다.

### ▲ 변화의 핵심: 질문으로 여는 몰입의 문

꿈을 정하지 못해서 무엇을 할지 모르고 방황하며 시간을 낭비하는 학생들을 만날 때마다 정말 안타까웠다. '어떻게 하면 이 학생들이 스스로 자신의 진정한 꿈을 발견하고, 단순히 수업에 참여하는 것이 아니라 넘어 뜨겁게 몰입하게 만들 수 있을까?' 이 간절하고 진지한 고민이 내 강의 방식이 변화되도록 해주었다. 먼저 기존의 'SQ진로 수업'이라는 다소 딱딱하게 느껴질 수 있는 제목을 학생들이 흥미를 가질 만한 '행복한 꿈을 찾아 떠나는 SQ 진로 여행'으로 바꾸고, 학생들이 단순히 앉아서 듣고 수용하는 방식이 아니라 직접 몸으로 경험하고 스스로 생각하며 적극적으로 활동하는 참여형 수업으로의 전환을 연구하기 시작했다.

강의 방식 변화의 가장 중요한 포인트는 '소통'과 '참여'였다. SQ 진로 수업 내용의 본질은 유지하되, 수업 진행 방식을 강사의 일방적인 전달 대신 학생들과의 대화와 인터뷰 형식으로 재구성했다. 특히 수업의 문을 여는 도입부, 즉 오프닝에 가장 많은 공을 들였다. 수업의 첫인상이 학생들의 수업에 대한 관심과 흥미도, 그리고 이어질 강의 시간 동안의 집중력 정도를 결정짓는다고 확신했기 때문이다. 그래서 학생들의 마음을 열고 호기심을 자극할 수 있는 질문으로 수업을 시작했다. "여러분, 행복하고 싶지요? 성공하고 싶지요?" 이 간단한 질문에 학생들은 잠시 생각에 잠기거나 머뭇거리는 반응을 보였다. 특히 "행복하고 싶은 사람 손들어 보세요" 하면 선뜻 손을 들지 못하고 대부분이 주저했다. 10명 중 한 명 정도만 자신 있게 손을 들고 나머지는 망설이는 모습이었다. 이때 나는 손을 들지 못한 학생들에게 "아마 수줍어서, 혹은 지금 상황이 조금 힘들어서 용기가 나지 않아 손을 들지 못하는 친구들도 있을 거예요."라고 그들의 마음을 따뜻하게 읽어주는 말을 건넸다. 그러자 아이들의 경직되거나 어두웠던 표정이 이내 부드럽게 밝아지는 것을 볼 수 있었다. 마음의 문을 여는 첫 단계가 성공한 순간이었다.

### ▲ 스스로 깨닫게 하는 질문의 힘

마음의 문이 활짝 열렸을 때, 집중력을 깊이 끌어올릴 다음 질문을 던졌다. "그렇다면, '행복'이 뭐라고 생각하나요?" 조금 전까지 '행복하고 싶다'고 답했던 학생들이 이 질문에 진지한 표정으로 깊이 생각에 잠겼다. 평소에 '행복'이라는 단어를 흔히 사용하기는 하지만 그 의미에 대해 진지하게, 깊이 성찰해본 적이 없기 때문이다. 나는 학생들에게 충분히 생각할 시간을 준 후에, 기다렸다는 듯 몇몇 학생들에게 다가가 직접 개인적인 질문을 던지기 시작했다. "친구는 언제, 무엇을 할 때 가장 행복해요?" 이렇게 개인적으로 질문을 했더니 학생들은 강사의 질문에 답하기 위해 자신만의 내면을 들여다보며 스스로 답을 찾아가는 과정에 몰입하기 시작했다.

학생들의 답은 나이대별로 흥미로운 차이와 공통점을 보였다. 초등학생들은 '잠잘 때', '맛있는 것 먹을 때', '게임할 때', '용돈 받을 때'처럼 일상 속 작고 즉각적인 만족에서 행복을 찾는다고 답했다. 중학생들은 '이성 친구 만날 때', '운동할 때', '땀 흘릴 때', '친구들과 신나게 수다 떨 때' 등 관계와 활동 속에서 행복을 느끼는 경우가 많았다. 고등학생들은 '원하는 대학에 합격했을 때', '부모님과 속 깊은 대화가 잘될 때', '선생님이나 친구에게 존중받는다고 느낄 때'처럼 미래의 성취나 인정받는 경험에서 행복을 느낀다고 말했다. 대학생들은 주로 '좋은 직장에 취업하는 것'을 성공이자 행복의 중요한 기준으로 삼는 경우가 많았다.

언젠가 어느 대학교에서 강의할 때 학생들에게 성공이 뭐라고 생각하느냐고 물었을 때, 한 학생이 망설임 없이 "취업이요."라고 답했다. 나는 여기서 멈추지 않고 계속 질문을 던졌다. "그다음은요?" 학생은 잠시 생각하다 "결혼이요."라고 답했다. 나는 또 물었다. "그다음은요?" 학생은 "집을 사는 거요."라고 답했고, 나는 다시 "그다음은요?" 하고 물었다. "자녀를 낳는 거요."라는 답이 돌아왔다. 학생의 답이 이어질 때마다 나는 마지막 질문을 향해 나아갔다. "그래서, 자녀를 낳고 집도 사고 결혼도 하고 좋은 직장에 취업도 하면, 그 후로 남은 인생 동안 계속 행복할까요?"

이런 식으로 학생의 답에 꼬리에 꼬리를 무는 질문을 계속 이어가면 학생들은 예상치 못한 후속 질문에 점점 당황하기 시작한다. 바로 이렇게 당황하면서 스스로 답을 찾으려 노력하는 순간, 그들은 비로소 진정한 행복과 성공이 단순히 사회가 정해놓은 획일적인 기준이나 많은 사람들이 따르는 외적인 길이 아니라, 좀 더 고차원적이고 내면적인 가치나 타인과의 건강한 관계 속에서 찾아야 한다는 것을 서서히 깨닫기 시작한다. 그리고 '행복'과 '성공'의 의미에 대해 이전과는 다르게 진지하게 생각하기 시작하는 것을 눈으로 확인할 수 있었다.

이렇게 학생들이 스스로 질문에 답하며 내면을 성찰할 충분한 시간을 준 후에야 비로소 '진정한 행복이란 나 혼자만 기분 좋은 것이 아니라 나도 기분 좋고 다른 사람도 함께 기분 좋은 상태이며, 진정한 성공이란 원하는 목표를 달성한 후에 그것으로 인해 나 자신뿐만 아니라 나의 이웃, 더 나아가 세상까지 행복해지는 상태'라고 그 의미를 설명해주니, 처음부터 의미를 직접 말해주는 것보다 훨씬 더 깊은 여운과 함께 학생들의 가슴에 새겨지고 기억에 오래 남는다는 것을 알 수 있었다. 학생 스스로 질문에 답하며 '발견'하게 하는 이러한 질문법이야말로 집중력을 최대로 끌어올리는 가장 강력하고 예술적인 도구였다.

### ▲ 학생 주도 수업, 집중의 예술을 빚어내다

이처럼 학생들이 강사의 질문에 직접 생각하고 답하며 스스로 깨달음을 얻는 인터뷰식 수업 방식은 학생들의 수업에 대한 집중력과 참여도를 극대화하는 놀라운 효과를 가져왔다. 수업 방식을 이런 식으로 바꾼 후부터 수업 시작 후 20분 만에 집중력이 흐트러지는 학생은 거의 찾아보기 어려웠다. 학생들은 '행복한 꿈을 찾아 떠나는 SQ 진로 여행' 수업 자체에 큰 관심과 흥미를 가지게 되었고, 강의가 끝나는 순간까지 높은 집중력을 유지하며 몰입하는 모습을 보여주었다.

이 모든 긍정적인 변화 속에서 가장 감동적이고 인상 깊었던 순간 중 하나는, 내가 수업 시작 전에 교실에 들어갔을 때의 예상치 못한 풍경이었다. 몇몇 학생들이 누가 시키지도 않았는데 자발적으로 칠판 앞으로 나와서 내가 지난 수업 시간에 그려주었던 SQ(영성지능)의 개념 관련 그림을 그리고, 수업의 핵심 단어들을 정성껏 기록해놓거나, 강사와 수업에 대한 애정을 담아 사랑의 하트를 칠판 가득 채워놓은 모습을 여러 번 목격했다. 이것은 단순히 수업 내용을 잘 들었을 뿐만 아니라 학생들이 수업 내용을 자신의 것으로 내면화하고 스스로 수업 자체에 대한 애착과 주인의식을 갖게 되었음을 보여주는 감동적인 증거였다. 학생 활동 중심 수업이 만들어낸 '집중의 예술'의 가장 아름다운 결정판이라고 할 수 있다.

인터뷰 형식으로 진행된 참여형 수업은 학생들에게 일방적으로 강사의 지식을 수동적으로 받아들이는 것이 아니라, 자신의 생각과 경험을 적극적으로 표현하며 '자신의 이야기'를 스스로 만들어가는 귀한 과정을 경험하도록 해주었다. 이것은 강의가 끝난 후에도 학생 스스로 배운 내용에 대해 깊이 성찰하고 탐구하며 생각하는 힘을 기르는 지속적인 효과로 이어졌다. 학생들은 수업을 통해 진정한 행복과 성공의 가치가 '나와 이웃이 함께 사는 것'에 있음을 깨달았을 뿐만 아니라, 그 깨달음을 교실 수업 현장에서부터 작은 행동으로 실천하기 시작했다. 학생 활동을 중심으로 한 수업이야말로 학생들의 삶 속에서 진정한 '집중의 예술'이 완성되도록 돕는 매우 효과적인 수업 방법이라는 사실을 눈으로 생생하게 확인할 수 있었다.

학생들이 지루해하지 않고 높은 집중력을 유지하며 몰입하는 수업은 더 이상 강사 혼자서 열심히 준비하고 일방적으로 지식을 전달하는 단방향 소통이 아니라, 강사와 학생이 서로 교감하고 함께 탐구하면서 만들어 가는 상호 작용의 과정이어야 한다는 것을 깊이 깨달았다. 학생들의 마음을 열고, 그들이 스스로 생각하고 질문하며 그 답을 찾아가도록 능동적으로 유도하는 것이 무엇보다 중요하며, 이를 위해서는 강사의 철저한 수업 내용 준비와 함께 학생들의 다양한 반응과 예상치 못한 상황을 유연하게 받아들이고 수업을 흥미롭게 이끌어가는 풍부한 수업 진행 시나리오 준비가 필수다.

강의 방식을 학생 중심의 참여형 수업으로 과감하게 전환한 결과는 나의 기대를 훨씬 뛰어넘는 것이었다. 학생들은 이전의 수동적인 태도에서 벗어나 훨씬 더 적극적으로 수업에 참여하게 되었고, 타의가 아닌 스스로의 의지로 자신의 삶을 성찰하며 진정한 꿈을 찾아가는 능동적인 태도를 보이기 시작했다. 수업에 대한 집중도와 흥미가 자연스럽게 높아지면서 강사가 전달하는 핵심 내용을 더 깊이 이해하고 더 오래 기억했으며, 다음 연속 수업에 대한 기대감과 강사에 대한 친근감도 눈에 띄게 커졌다.

강의라는 것은 학생들 각자가 가지고 있는 무한한 가능성을 일깨우고 스스로 더 나은 방향으로 '성장'하고 '나아가도록' 옆에서 따뜻하게 돕는 과정임을 다시 한번 확신하게 되었다. 앞으로도 교육 현장에서 학생들이 지닌 창의성과 잠재력을 이끌어내고, 그들 스스로 주도적으로 참여하면서 '집중의 예술'을 기쁘게 빚어내는 수업을 만들기 위해 끊임없이 고민하고 새로운 방법을 배우고 실천해 나갈 것이다.

**백은정**
(다옴교육컨설팅 대표)

## 기술 12:
## 몰입 저격: 집중력 방해 소탕 작전

우리는 지금, 끊임없이 주의를 빼앗기는 시대에 살고 있다. 아이들부터 어른까지 스마트폰은 손안의 필수품이 되었고, 숏폼 콘텐츠와 SNS 알림은 잠시도 우리를 가만두지 않는다. 스마트폰이 일상을 바꾸면서 사람들의 집중 시간은 놀랍도록 줄었다. 2012년 평균 12초였던 집중 지속 시간이 2023년에는 단 8초로 감소했다는 연구 결과도 있다. 도대체 왜 우리는 이렇게 몰입하지 못하게 된 것일까?

그 이유는 복합적이다. 숏폼 콘텐츠는 깊은 사고보다 빠른 전환에 우리 뇌를 익숙하게 만들고, 스마트폰과 SNS의 끊임없는 알림은 멀티태스킹을 일상화시킨다. 엄청난 양의 정보 속에서 뇌는 깊이 처리하기보다 빠르게 훑는 습관을 들이게 되며, 즉각적인 '좋아요'나 댓글 같은 소셜미디어의 피드백은 장기적인 집중이 필요한 활동을 회피하고 새로운 자극만을 찾게 만든다. 이러한 환경은 집중력 저하와 깊이 있는 사고의 어려움을 초래하며, 멀티태스킹의 폐해로 스트레스까지 증가시킨다. 수면 부족과 불규칙한 생활 습관 역시 뇌 기능을 떨어뜨리는 주범이다. 재택근무 증가로 업무 환경 통제가 어려워진 것도 집중을 방해하는 외부 요인이 된다. 이 모든 요인이 얽혀 현대인의 집중 시간을 갉아먹고 있다.

우리 뇌의 앞부분, 전두엽은 집중력과 주의력, 충동 조절을 담당하는 컨트롤 타워다. 스마트폰 과사용, 숏폼 소비, 멀티태스킹은 전두엽 기능을 약화시킨다. MIT 뇌과학 연구(2019)는 멀티태스킹이 뇌의 작업 기억 용량을 줄여 생산성을 최대 40%까지 감소시킨다고 발표했다.

집중력을 강화하는 신경전달물질인 도파민 역시 중요하다. 도파민은 보상을 예측하고 동기를 부여하지만, 과도한 숏폼 콘텐츠는 도파민 민감도를 떨어뜨려 긴 작업 집중력을 약화시킨다. 그러나 도파민이 일정 수준 이상 유지될 때, 우리는 몰입(Flow) 상태에 진입한다. 심리학자 미하이 칙센트미하이가 제시한 몰입은 시간 감각을 잊고 높은 성취감을 느끼는 최적의 정신 상태이며, 생산성과 창의성을 극대화하는 열쇠다. 몰입은 명확한 목표, 즉각적 피드백, 적절한 난이도, 방해 요소 제거, 자기 통제감이 있을 때 잘 일어난다.

그렇다면 우리는 어떻게 이 몰입 방해 요소들을 소탕하고 몰입 상태를 만들어갈 수 있을까? 이제부터 '몰입을 위한 방해물 제거 전략' 5단계 실전 가이드를 제시한다.

### ▲ '몰입을 위한 방해물 제거 전략' 5단계 실전 가이드

#### 1단계: 몰입 방해 요소 진단

나의 집중력을 훔쳐가는 도둑들을 찾는 과정이다. 하루 스마트폰 사용 시간, SNS 사용 횟수를 기록하고 디지털, 환경, 심리적 방해 요소를 꼼꼼히 체크한다. 방해 요소가 없는 날과 있는 날의 집중력 차이를 실험해보며 자신을 객관적으로 분석한다.

#### 2단계: 몰입 환경 설계

디지털 디톡스와 작업 공간 최적화로 몰입을 돕는 물리적/디지털 환경을 만든다. 스마트폰과 SNS 사용 시간을 줄이고 앱 제한 설정, SNS 차단 프로그램 활용 같은 디지털 디톡스를 실천한다. 조용하고 정돈된 공간, 적절한 조명과 온도, 미니멀한 책상 정리, 필요시 백색 소음 활용 등으로 작업 공간을 최적화한다.

#### 3단계: 집중력 훈련 및 습관 구축

뇌 자체의 집중력을 강화하는 훈련을 시작한다. 25분 집중 후 5분 휴식하는 '포모도로 기법', 방해 요소 완전히 차단 후 90분간 몰입하는 '딥워크' 같은 싱글태스킹 훈련을 한다. 명상, 호흡법으로 두뇌 집중력을 높이고, 집중력에 좋은 식단과 충분한 수면 관리도 병행한다.

### 4단계: 몰입 루틴 만들기

나만의 몰입 상태 진입을 돕는 개인 맞춤형 루틴을 설계한다. '나만의 최적 집중 시간'을 찾고(아침형/저녁형), 커피 한잔이나 특정 음악 듣기 같은 작은 의식을 통해 몰입 스위치를 켠다. 주간/월간 목표 설정으로 몰입 대상을 명확히 하고, 집중이 흐트러졌을 때 산책이나 짧은 운동으로 복구하는 전략도 세워둔다.

### 5단계: 지속 가능한 몰입 습관 유지

만들어진 몰입 습관을 유지하고 발전시킨다. '몰입 체크리스트'로 하루 평균 몰입 시간과 방해 요소를 점검하고 주기적으로 디지털 환경을 돌아본다. '몰입 챌린지'(예: SNS 없는 7일)를 수행하거나 몰입 습관 공유 커뮤니티에 참여하여 동기를 유지한다. 지속적인 자기 점검과 긍정적 마인드셋이 필요하다.

이러한 '몰입 저격' 작전을 실천한 사람들의 변화 사례는 분명한 증거를 제시한다. 하루 6~7시간을 스마트폰에 썼던 대학생 김○준 씨는 스마트폰 사용을 제한하고 포모도로 기법으로 2개월 만에 시험 성적이 2등급 향상되었다. 늘 책을 읽고 싶었지만, 집중 못 했던 마케터 정○진 씨는 스마트폰을 다른 방에 두고 매일 짧은 시간 독서하며 한 달에 2권 이상 책을 읽고 업무 아이디어까지 얻었다.

이처럼 몰입을 방해하는 요소를 찾아내고 제거하는 것이 핵심이다. 그리고 무엇보다 중요한 것은 몰입이 타고나는 특별한 능력이 아니라, 누구나 체계적인 훈련과 노력을 통해 얼마든지 만들어갈 수 있는 기술이라는 사실이다. '물방울이 바위를 뚫듯이', 오늘부터 제시된 실천 가이드 중 단 한 가지부터 변화를 시작하는 작은 시도가 우리의 집중력, 나아가 인생에 큰 변화를 가져올 수 있다.

내용 상세 보기 ▶

서희경
(AI강사, 컨설턴트)

## 기술 13:
## AI 시대 집중력 혁명의 핵심 전략

현대 교육 현장에서 수강생들의 집중력 저하는 강사들이 마주하는 가장 큰 난관 중 하나다. 특히 디지털 시대, 스마트폰과 소셜미디어의 즉각적인 보상에 익숙해진 수강생들의 주의 지속 시간은 현저히 짧아졌다. 전통적인 강의 방식으로는 이러한 수강생들의 마음을 사로잡고 몰입을 유지하기 어렵다. 교육 방법의 근본적인 혁신이 절실한 시점이다. AI 강사로서 나는 이러한 집중력 문제를 해결하는 열쇠가 바로 참여형 수업에 있음을 확신하고, AI 기술을 접목한 참여형 수업을 통해 수강생들의 집중력을 극대화하는 방법을 모색하고 있다.

 **참여형 수업과 집중력의 과학적 연결**

전통적인 강의식 수업에서는 수강생들이 단순히 수동적 청취자로 머물며, 시간이 지날수록 집중력이 급격히 저하된다. 연구에 따르면, 일반 강의에서 집중력은 시작 후 15분 만에 떨어지기 시작해 45분이 지나면 초기 집중도의 30% 수준으로 급감한다.

반면, 참여형 수업은 수강생의 능동적 참여를 유도하며 뇌의 작업 기억(Working Memory)과 주의 조절(Attention Control) 능력을 최대한으로 활성화시킨다. 뇌과학 연구는 능동적 학습 활동이 뇌의 전두엽과 측두엽을 활성화시켜 정보 처리 및 기억력 향상에 직접적인 영향을 미침을 보여준다. 수강생들이 직접 토론하고 실습하며 즉각적인 피드백을 받는 환경은 학습 정착률을 75% 이상 높이며, 다양한 감각을 활용하는 활동은 정보의 장기 기억 저장과 실제 활용 능력을 크게 향상시킨다. 이는 단순히 암기하는 것보다 실제 문제 해결 능력 향상에 훨씬 효과적이다.

하버드대 교육 연구소 보고서는 수강생 주도 활동 포함 수업이 일반 강의보다 집중력을 2배 이상 높인다고 밝혔다. 핀란드, 싱가포르 같은 교육 선진국들이 체험형 학습, 협업 기반 교육을 적극 도입하여 높은 성과를 거두는 것은 이러한 사실을 입증한다. 특히 핀란드의 '현상 기반 학습'은 수강생 자발 참여를 통해 실제 문제 해결 과정에서 높은 학습 효과를 거두는 대표 사례다. 참여형 수업은 이론을 넘어선 생생한 교육 현장의 언어가 되고 있다.

### ▲ AI 수업에서 펼쳐지는 참여형 학습 전략

AI 교육은 본질적으로 참여와 경험이 중요하다. 이론 학습과 함께 실제 AI를 '만들어 보고', '활용해 보는' 과정 자체가 강력한 참여형 학습이다.

기술 1. AI 실습 프로젝트 기반 학습: AI 교육의 가장 효과적인 참여형 방법은 실제 문제 해결 프로젝트다. 'AI를 활용한 환경 문제 해결' 같은 프로젝트를 통해 수강생들은 AI의 실제 적용을 경험한다. 지역 쓰레기 분리수거 AI 개발, 에너지 소비 분석 시스템 구축 등을 수행하며 Python, Google Colab 같은 실무 도구를 활용한다. 데이터 수집, 전처리, 모델 훈련 과정을 직접 거치며 AI 작동 원리를 깊이 이해하고 학습 내용을 자신의 것으로 만든다.

기술 2. Padlet 활용 인터랙티브 학습: Padlet은 수강생과 실시간 소통하며 참여를 이끄는 강력한 도구다. AI 교육에서 즉각적인 오류 수정 피드백, "AI는 인간 대체 가능할까?" 같은 토론에 효과적이다. 수강생 결과물을 바로 확인하며 이해도를 파악하고 맞춤 설명을 제공할 수 있다. 비판적 사고력과 논리 추론 향상에도 기여한다.

기술 3. AI 기반 게임화 학습: 학습의 게임화는 수강생 자발 참여를 이끌어낸다. AI 기반 퀴즈 플랫폼(Kahoot, Quizizz)은 개인 수준에 맞는 문제를 주고 즉각 피드백으로 성취감을 높인다. AI 시뮬레이션(주식 투자, 비즈니스)은 현실과 유사한 의사결정 경험을 제공하며, 실패 부담을 줄이고 시행착오 학습을 장려하여 학습을 더욱 흥미롭게 만든다.

기술 4. 개인 맞춤형 AI 학습: AI는 각 수강생 학습 패턴을 분석해 최적화된 학습 경로와 맞춤형 피드백을 제시한다. 코딩 오류 패턴 분석 후 맞춤 연습 문제를 추천하거나, 학습 속도와 선호 방식 고려하여 최적 자료(영상, 오디오)를 제공한다. 개인화된 접근은 자기주도 학습과 효율성 향상에 큰 도움을 준다.

### ▲ 집중력 혁명을 향한 발걸음

AI를 활용한 참여형 수업은 미래 교육의 핵심 모델이다. 실습, 상호작용, 게임화, 맞춤형 피드백 등 다양한 방법으로 수강생 집중력과 학습 효과를 극대화한다. AI 기술 발전은 참여형 학습을 더욱 효과적이고 개인화된 형태로 발전시킬 가능성을 열어준다.

이제 중요한 것은 이러한 혁신 교육을 실제 현장에 어떻게 효과적으로 도입할 것인가이다. 교사 연수, 인프라, 커리큘럼 개발 등 체계적 준비와 함께, 교육 공동체의 이해와 공감대 형성이 필수적이다. 참여형 수업과 AI 기술의 결합은 단순 교육 방법 변화를 넘어, 미래 교육의 새로운 패러다임을 제시하며 수강생들의 집중력을 깨우는 '혁명'을 이끌 것이다.

내용 상세 보기 ▶

**금채 손예주**
(금채 대표)

## 기술 14:
## 몰입 소생술: 골든타임을 장악하라!

▲ 왜 우리는 몰입하지 못하는가? 몰입 저하의 시대

《Stolen Focus》의 저자 Johann Hari는 현대인의 집중력 저하를 사회 시스템이 만들어낸 '유행병'이라고까지 표현했다. 디지털 문명이 가져온 편리함의 이면에는 정보의 홍수 속에서 멀티태스킹이 일상화된 환경이 자리 잡고 있다. 특히 점점 더 짧아지는 숏폼 콘텐츠, 배속 시청 습관, 끊임없는 알림 등 디지털 자극에 익숙해지면서 우리의 주의 지속 시간은 급격히 감소하고 있다. 2012년 평균 12초였던 집중 지속 시간이 2023년에는 단 8초로 줄었다는 연구 결과는 충격적이다. 미국의 심리학자 Gloria Mark의 최근 연구에 따르면, 20년 전 한 화면에 평균 2분 30초를 머물렀던 사람들이 이제는 평균 47초마다 주의가 전환되며 무의식적으로 멀티태스킹한다고 한다. 스마트폰 등장 이후 사람들의 집중력이 떨어졌다는 것은 모든 연구자의 공통된 의견이다.

이러한 사회적 현상은 학습자의 학습에도 고스란히 영향을 미치면서 교육장 안에서도 주의 지속 시간이 급감하고 있다. 여기에 학습 동기 부족과 상호작용 없는 일방적인 강의 전달 방식이 더해지면, 학습자는 쉽게 피로감을 느끼고 몰입하지 못하게 되어 학습 효과는 떨어지고 학습 목표 달성은 더욱 어려워진다. 따라서 변화된 시대에 강사는 강의 전반에 걸쳐 학습자의 집중력과 몰입을 이끌고, 학습 효과를 극대화하기 위한 '골든타임'을 장악하는 전략을 반드시 갖추어야 한다. 이것이 바로 현대 강사의 핵심 역량이 되었다.

### ▲ 몰입의 과학적 비밀: 도파민과 골든타임

우리의 집중력 저하 뒤에는 뇌 기능의 변화가 숨어 있다. 뇌의 앞쪽 부분인 전두엽은 집중력, 주의력 조절, 충동 통제 등을 담당하는 중요한 컨트롤 타워다. 스마트폰 과사용, 숏폼 소비, 멀티태스킹 등은 전두엽 기능을 약화시킨다. MIT 뇌과학 연구(2019)는 멀티태스킹이 뇌의 작업 기억 용량을 줄여 생산성을 최대 40% 감소시킨다고 밝힌 바 있다.

신경전달물질인 도파민 역시 몰입과 깊이 연관되어 있다. 도파민은 보상 예측, 동기 부여, 학습 등에 관여하지만, 과도한 숏폼 콘텐츠 소비는 도파민 민감도를 저하시켜 긴 작업에 대한 집중력을 감소시킨다. 그러나 도파민이 적정 수준 이상으로 분비될 때, 우리는 완벽히 집중하여 시간 감각을 잊고 높은 성취감을 느끼는 몰입(Flow) 상태에 들어설 수 있다. 심리학자 Mihaly Csikszentmihalyi의 〈몰입 이론〉에 따르면, 명확한 목표, 즉각적인 피드백, 적절한 난이도, 방해 요소 제거, 자기 통제감과 같은 요소들이 충족될 때 도파민이 적절히 분비되며 학습자는 몰입 상태에 이르게 된다고 한다.

결국 주의력 빈곤 시대의 강사는 도파민을 몰입의 도구로 역이용하여 학습자의 의욕과 동기를 높이고, 몰입을 이끌도록 수업을 과학적으로 설계해야 한다. 학습자의 뇌가 반응하는 '골든타임', 즉 집중력이 살아나는 순간을 파악하고 이를 활용하는 것이 중요하다.

### ▲ 몰입 소생술: 골든타임을 장악하는 4단계 전략

이제 현대 학습자의 흩어진 주의력을 되살리고 몰입의 골든타임을 효과적으로 장악하기 위한 4단계 '몰입 소생술' 실전 매뉴얼을 제시한다. 이 전략은 짧아진 주의 지속 시간을 고려하여 설계되었으며, 각 단계마다 학습자의 뇌를 다시 집중 모드로 전환시키는 장치들이 포함되어 있다.

1단계: 주목을 끄는 도입 설계 (Attention Hooking)
수업 시작 후 처음 8초! 학습자의 주의를 단숨에 사로잡아야 한다.

- 에너지 리셋: 짧은 스트레칭이나 호흡법으로 몸과 마음의 긴장을 풀고 새로운 활동에 집중할 준비를 시킨다.
- 스토리텔링 활용: 최신 통계, 실제 사례, 감성적인 이야기, 혹은 교육 주제와 관련된 짧고 강렬한 시청각 자료나 아이스브레이킹으로 호기심과 공감을 유발한다.
- 질문을 통한 참여 유도: 간단한 질문이나 손들기 등으로 학습자의 즉각적인 반응을 이끌어내며 수업으로의 참여를 자연스럽게 시작하게 한다.
- 학습 목표 명확화: 오늘 무엇을 배울 것인지, 그것이 학습자 자신에게 왜 중요한지를 명확히 제시하여 학습 동기를 부여한다.

### 2단계: 짧고 강렬한 정보 전달 (Chunking & Pacing)

평균 8초마다 주의가 전환된다는 사실을 기억하며, 정보를 인지 부하 없이 전달한다.

- 10~15분 단위 핵심 전달: 이론 강의는 10~15분 단위로 짧게 끊어 진행하고, 각 단위 후에는 반드시 다른 활동으로 전환한다.
- 3-2-1 법칙: 3가지 핵심 개념 제시 → 2가지 예시 및 사례 공유 → 1가지 실습 진행처럼 정보를 구조화하여 인지 부담을 줄인다.
- 다양한 시각 자료: 사진, 이미지, 도표, 짧은 영상 등을 적극 활용하여 정보를 시각적으로 제시한다.
- 이론 습득 게임화: OX 퀴즈, 간단한 보드게임 등을 활용하여 이론 학습 자체를 지루하지 않게 만든다.

### 3단계: 학습자의 즉각 반응 유도 (Active Engagement)

듣기만 하는 수동적 자세에서 벗어나 몸과 마음을 움직이게 한다.

- 퀴즈, 토론, 실습: 각 정보 전달 단위 후에는 반드시 퀴즈, 간단한 토론, 짧은 실습 등을 통해 학습자가 배운 내용을 즉각적으로 적용하고 피드백받을 기회를 제공한다.
- 2인 1조/소그룹 활동: 서로 아이디어를 공유하고 문제를 해결하는 과정을 통해 상호작용을 증진시키고 학습에 대한 몰입도를 높인다.
- 손과 몸으로 배우기: 문제 풀이, 만들기, 시뮬레이션, 역할극 등 직접 손과 몸을 사용하여 학습 내용을 체화하도록 돕는다.

### 4단계: 기억에 남는 마무리 (Reinforcement & Closure)

배운 내용을 정리하고 장기 기억으로 전환하며 다음 학습을 기대하게 만든다.

- 핵심 요약 및 복습: '오늘 꼭 기억할 3가지', '오늘 익힌 것 3가지' 등을 질문하며 스스로 핵심 내용을 요약하고 복습하게 한다.
- 개인 맞춤형 적용 질문: "오늘 배운 내용을 일상이나 업무에 어떻게 활용할 수 있을까?"와 같은 질문으로 학습 내용을 개인 삶과 연결시켜 의미를 부여한다.
- 다음 학습 기대감 조성: "다음 시간은 더 흥미진진하고 재미있는 것들이 가득한다!"와 같은 예고로 지속적인 학습 동기를 부여한다.
- 감동과 여운: 교육 주제와 관련된 짧은 영상이나 감동적인 멘트, 혹은 학습 다짐을 담은 '지문트리 만들기' 같은 활동으로 긍정적인 정서적 경험을 남긴다.

### ▲ 몰입 소생술의 힘: 저자의 경험담

2024년 기업 산업안전보건교육에서 겪은 일이다. 오전 8시 시작 교육에 참석자 대부분이 전날 야근 후 바로 온 상태였다. 기존 방식으로는 집중을 이끌기 어렵다고 판단, 즉시 '몰입 소생술' 매뉴얼을 적용했다. 먼저 모두 일어서 1분간 가벼운 스트레칭으로 에너지 리셋을 했다. 그다음 주제인 '위험성 평가' 관련 1분 30초 사례 영상을 보여주며 호기심을 자극했다. 이어서 2인 1조로 〈사례에서 보여지는 문제는 무엇이고, 나/우리 회사라면 어떻게 대처했을까?〉라는 주제에 대해 토론을 시작했다. 결과는 놀라웠다. 졸려 하던 눈이 반짝이며 여기저기에서 토론의 잎으로 생각과 이야기의 꽃을 피웠다. 교육 후 설문에서 참가자의 91%가 "야근하고 들었음에도 처음부터 끝까지 집중할 수 있었다."고 응답했다. 가벼운 신체활동 후 적정 난이도 과제(토론)와 의견 공유는 도파민 분비를 유도했고, 야간 근무자들도 학습 의욕을 높여 몰입에 빠질 수 있었다.

집중력이라는 불씨는 저절로 살아나지 않는다. 주의 깊은 눈으로 흩어지는 시선을 빠르게 읽고, 준비된 지혜로 마음의 문을 열며, 순간의 반응에 민첩하게 대응하는 강사의 정성 어린 손길로 피어난다. 이런 섬세하고 계산된 손끝에서 강렬한 도입이 만들어지고, 10~15분 간격의 정보 전달, 실습과 토론으로 즉각적인 반응을 이끌어낼 수 있다.

교육의 궁극적 목표는 학습자가 몰입하게 만드는 것이다. 몰입의 골든타임을 알고 적시에 '몰입 소생술'을 시행하면 학습의 효과는 극대화된다.

이것이야말로 이 시대를 살아가는 강사가 갖춰야 할 진정한 강의 기술이라고 확신한다.

내용 상세 보기 ▶

**손주혜**
(앙상블 코치)

## 기술 15:
## 참여로 완성하는 몰입 강의 디자인

강의 현장에서 학습자들의 집중력을 끌어내고 수업에 몰입하게 하는 일은 강사들에게 주어진 최고의 과제이자 예술이라고 할 만큼 결코 쉽지 않다. 특히 유머 감각이 부족하다고 느끼는 나 같은 강사에게는 더더욱 그러했다. 학습자들을 단숨에 집중시키고 의미 있는 참여를 이끌어낼 오프닝과 수업 내용을 준비하기 위해 많은 시간 배우고 연구했다.

그렇게 찾아낸 방법 중 하나는 바로 학습자가 '원하는' 수업을 디자인하는 것이었다. 학습자들은 각기 다른 성격과 학습 유형을 가졌기에, 그들이 원하는 방향 또한 천차만별이다. 그렇다면 어떻게 모두를 만족시키는 수업을 디자인할 수 있을까? 핵심은 학습자들이 스스로 참여하고, 이 수업이 자신에게 꼭 필요하다는 것을 내면으로 알게 하는 것이다. 어쩌면 너무 당연한 말처럼 들릴지도 모르겠다. 하지만 나의 수업에는 이러한 방식으로 깊이 참여하며 "벌써 끝났어요?"라고 묻는 학습자들이 실제로 생겨나고 있다. 이제 그 방법에 대해 이야기하고자 한다.

### ▲ 마음을 여는 첫걸음: 인정과 연결

나의 수업 첫 오프닝은 늘 학습자들의 자기소개로 시작된다. 하지만 무작정 자기소개를 하라고 하면 우리는 막막함을 느낀다. 그래서 나만의 방법은 해시태그를 이용해 자신을 소개하게 하는 것이다. 자신을 대표하는 단어나 형용사, 좋아하는 동물이나 MBTI, 혹은 재미있는 문구 등 다양한 언어로 자기를 표현하게 한 후, 그룹 안에서 가장 자신을 잘 표현했다고 생각하는 사람을 선정하여 전체에게 발표하게 한다. '가장 잘 소개했다'는 기준은 자기소개 후 가장 많은 스티커를 받은 사람을 고르게 하는 것이다. 여기서 '많은 스티커'를 활용하는 것이 나만의 작은 팁이다. 수업 시작부터 긍정적인 피드백을 받고 인정받는 경험은 학습자들의 닫혔던 마음의 열쇠를 여는 강력한 첫걸음이 되기 때문이다.

마음의 문을 열었다면 다음 단계는 친밀감을 형성하는 라포(Rapport) 형성이다. 적절한 라포 형성은 사회적 유대감과 친밀감을 높여 긍정적인 대인 관계를 만들고(박은영, 2020), 교수자와 교육생 간 라포는 강의의 성공과 실패를 가르기도 한다. 라포가 잘 형성되면 강의자에 대한 신뢰도가 높아진다는 연구 결과(김상태 박규남, 2024)도 있다.

나는 라포 형성을 위해 이미지 카드나 블랭크 카드 같은 도구를 활용한 게임을 진행한다. 시간이 늘어지지 않도록 게임을 빠르게 진행하는 것이 중요하다. 서로 카드에 대한 자신의 이야기를 나누고, 그 이야기를 기억한 후 누구의 어떤 말이었는지 단어로 맞추는 게임 방식이다. 이 시간은 다른 사람의 이야기에 귀 기울이고 집중하게 하는 소중한 시간이다. 이 과정을 통해 우리는 서로의 원하는 방향이나 성향을 자연스럽게 알게 된다. 수업 시간 동안 타인이나 자신에게 무엇을 배려해야 하는지를 배우는 시간이기도 하다. 이러한 카드 도구를 사용하면 학습자들은 자신의 이야기라기보다 카드에 대한 이야기라고 생각하기에 훨씬 부담 없이 속마음을 드러내기 시작한다. 그리고 팀원들은 그 이야기에 귀 기울이며 상대방을 알아가고 깊은 라포가 형성된다.

### ▲ 강의의 진짜 주인공은 학습자! 10-3 법칙의 비밀

나의 강의에서 가장 중요한 원칙은 10-3 법칙(스파크러닝기법_TLP교육디자인)이다. 강사가 10분을 말했다면, 반드시 학습자에게도 3분의 시간을 허락한다는 의미다. 일방적인 강의가 길어지면 학습자는 다른 행동을 하거나 집중이 흐트러진다. 집중력이란 필요한 정보를 얻기 위한 적극적이고 선택적인 힘이자, 주어진 시간 내 과제를 끝까지 수행하기 위해 의식을 모으는 능력이다. 즉 한 가지 일에 깊이 몰입하는 상태다(김시현, 2024). 이러한 집중력을 유지하기 위해서는 학습자의 요구를 정확히 파악하고, 거기에 맞는 다양한 시·청각적 요소들을 활용한 강의 자료 준비가 필수적이다. 그리고 여기서 강사와 학습자 간의 적절한 '밀당'이 시작된다. 강사만이 줄 수 있는 전문적인 정보는 확실하게 강의로 전달하지만, 참여자들도 충분히 생각하고 이야기할 수 있는 부분에서는 학습자가 잠시 '강의자'가 되기도 하는 수업, 이것이 바로 10-3 법칙의 핵심이다.

### ▲ 다양한 교구 활용, 몰입의 신호탄을 쏘다

다양한 교구는 학습자들의 몰입 스위치를 켜는 강력한 도구다. 강의 주제에 따라 다양한 카드를 활용한다. 정서를 다루는 강의에서는 감정 카드로 스피드 게임이나 표정 읽기 게임을 하며 '나는 이럴 때 이런 감정을 느껴요.'를 나누고 타인의 감정을 배운다. 감정을 다양한 의태어로 표현하기도 한다. 팀원들의 감정을 읽는 것은 팀 빌딩의 기본이다. 학생 대상 강의에서는 직업 카드, 강점 카드, 자원 카드, 신념 카드 등을 활용한다. 강의 주제에 맞춰 카드는 게임 도구가 되기도, 서로의 의견을 나누는 촉매제가 되기도 하며 학습자들을 때로는 진지하게, 때로는 즐겁게 몰입하게 만든다.

음악 역시 강력한 교구다. 동요, 영화 음악, 클래식 등 강의 주제나 분위기에 맞는 음악은 학습자들의 몸과 마음을 움직이게 한다. 갤러리 워크를 할 때 흐르는 음악은 학습자들의 움직임과 사고를 돕는다. 최근 오징어 게임의 '둥글게 둥글게' 음악으로 팀을 짰을 때, 시작부터 웃음꽃이 피었던 기억은 음악이 만드는 긍정적인 분위기의 힘을 보여준다.

아이들이 쓰던 레고, 원목 도구, 보드게임 같은 교구들도 훌륭한 도구다. 각자 혹은 서로의 생각을 시각화하는 데 활용한다. 강의 마무리 시점에서 수업을 통해 알게 된 것, 느낀 것을 시각화하다 보면 자연스럽게 학습 내용이 정리되고 자신이 어떤 부분에 깊이 집중했는지를 스스로 깨닫게 된다. 교구를 만지고 움직이나 보면 어느새 학습자들은 수동적인 청취자에서 적극적인 참여자로 변모한 자신을 발견한다.

마지막으로, 강사의 파우치는 '도라에몽 주머니' 같아야 한다. 상황에 따라 유연하게 대처하기 위해 가방 안에는 늘 다양한 '비밀 무기'들이 준비되어 있어야 한다. 학습자들의 집중이 떨어질 때는 즉각적인 '당근'이 될 만한 간단한 간식이나 영양제(나이에 맞는 간식이 필요하다)가 준비되어 있어야 하고, 다양한 활동을 위한 재료들이 언제든 나올 수 있도록 준비되어 있어야 한다. 강사의 준비성과 유연성이 발휘되는 순간이다.

### ▲ 몰입 강의 디자인의 핵심 방법

성공적인 몰입 강의를 디자인하기 위한 핵심 방법은 다음과 같다.

- **강의 주제 명확화 및 학습자 니즈 고민**: 강의 주제가 무엇인지, 그리고 그 주제가 학습자에게 왜 중요한지를 충분히 고민한다. 학습자 입장에서 어떤 강의를 원하는지 파악하고, 이 강의를 통해 학습자가 무

엇을 얻어가야 하는지 목적을 분명히 한다. 이를 위해 SWOT 분석이나 코칭 질문 중 데카르트 질문법 등을 활용하기도 한다.

- **주제에 맞는 영상 및 교구 준비**: 주제가 정해지면 필요한 시청각 자료와 교구를 준비한다. 자료는 늘 최신 트렌드를 반영하되, 무조건 최신이 답은 아니다. 연령대에 맞고 학습 목표 달성에 가장 효과적인 자료를 선택한다. 숏폼이 유행이라고 짧은 영상을 고집하는 것은 집중을 방해할 뿐이다. 교구 역시 연령대에 맞게 조작이나 게임 진행에 무리가 없는 것으로 준비한다. 여기서 강사의 유연성 역량이 빛을 발한다.
- **학습자가 충분히 참여하고 말하게 하라**: 충분한 라포 형성 위에서 다양한 교구를 활용하면 학습자의 참여는 자연스럽게 유도된다. 학습자들이 스스로 생각하고 말하며 참여한 후에는 '정말 유용한 강의였다'고 말한다. 자신이 필요한 부분을 스스로 발견하고 습득했기 때문이다. 강사는 무대 중앙에서 내려와 학습자들에게 무대를 내어주어야 한다.

대부분의 학습자들은 이미 자신의 삶에 대한 풍부한 경험과 지혜를 가진 전문가들이다. 강사의 역할은 그들의 숨겨진 전문가적인 면모가 수업 참여를 통해 충분히 인정받고 드러나도록 강의를 디자인하는 것이다. 학습자 각자가 자신의 삶의 주인공이자 전문가임을 인정받는 순간, 그 어떤 강의에서도 경험하지 못한 깊은 몰입의 시간이 시작된다. 강사의 세심한 디자인과 학습자의 주도적 참여가 만나 빚어내는 것, 그것이 바로 '집중의 예술'이며 진정한 집중력 혁명이다.

내용 상세 보기 ▶

**신혜섭**
(꿈이룸코칭센터 대표)

## 기술 16:
## 모두가 주인공이 되는 시간_코칭으로 강의하라!

　더 좋은 강사가 되기 위한 자기 계발은 강사들의 숙명과 같다. 이 여정에서 나는 운명처럼 '코칭'을 만났고, '일반 강사'가 아닌 '코칭으로 강의하는 강사'가 되었다. 나에게 코칭이란 이렇다. 모든 사람은 스스로 선택하고 결정할 능력과 권리가 있지만, 많은 사람이 이를 외면한다. 코칭은 스스로를 '직면'하게 돕고, 온전히 자신을 바라볼 수 있게 해준다. 코칭은 새로운 세상의 문을 열어주는 '열쇠'다. 나 역시 코칭으로 강사로서 제2의 전성기를 열 '열쇠'를 잡았고, '변화와 성장', '나눔과 채움', '사회적 연대'를 강의 현장에서 구현하고 있다.

### ▲ 왜 강의에 코칭을 접목해야 하는가?

(사)한국코치협회는 '모든 사람은 창의적이고, 완전성을 추구하며, 내면에 문제 해결 자원을 가졌다'는 믿음 아래, 코칭을 '개인과 조직 잠재력 극대화를 돕는 수평적 파트너십'으로 정의한다. 코칭 관계는 병아리가 알을 깨고 나오기 위해 어미 닭과 새끼가 안팎에서 쪼는 '줄탁동시(啐啄同機)'와 같다.

코칭의 줄탁동시처럼 강사와 청중 역시 안팎에서 서로 자극하며 함께 성장하려 할 때 모두 주인공이 된다. 목표한 곳에 도달하려면 한 방향으로 에너지를 모아야 한다. 코칭을 통해 강의 현장에서 모두가 주인공이 되어 함께 집중하고 성장하는 강의를 구현할 수 있다. 코칭은 교육 현장에서 학습, 진로 등 다양한 영역으로 확장되며 그 효과를 입증하고 있다. 20년간의 교육 경험에 코칭을 접목하며 나는 '강의하는 코치'로 성장했고, 코칭 기반 강의의 강력함을 현장에서 확인하고 있다.

### ▲ 코칭의 힘: 대화가 집중력을 높이는 과정

교육에 코칭을 접목한 강의의 강력함은 일상 대화와 코칭 대화의 차이에서 온다. 흔한 일상 대화는 각자 자기 이야기에 집중할 뿐 상대방 이야기에 귀 기울이거나 공감하지 않는다. '경청'과 '공감'이 빠져 있어 관계가 깊어지기 어렵다. 강의 현장도 마찬가지다. 강사의 일방적인 강의는 청중의 마음을 열 수 없다. 깊은 몰입과 성장을 기대하기 어렵다.

반면 코칭 대화는 상대 이야기를 경청하고 공감하며, 질문으로 더 깊은 이야기를 이끌어낸다. 경청, 공감, 질문을 통해 대화는 풍성해지고 관계는 깊어진다. 이 코칭 대화 원리가 강의 현장에 들어오면, 학습자들은 강사 이야기에 귀 기울이고 자신의 내면을 들여다보며 수업에 몰입하기 시작한다.

약 10년 전, 중2 딸아이의 영재고 진학 스트레스 상담에 GROW 모델로 코칭 대화를 시도했다. 평소 엄마 입장이 아닌 코치 자세로 경청하려 노력했다. 30분 대화 중 몇 질문만 했는데도 아이는 평소와 달리 많은 이야기를 했다. 자신의 상태를 '쇠구슬이 가득한 통에 구슬을 계속 쏟아붓는 상황'에 비유하며 불안함과 두려움을 호소했다. 조언하고 싶었지만 참고 "어떤 것을 변화시키고 싶니?" 하고 물었다. 예상과 달리 아이는 "쇠구슬을 더 잘 담아내고 싶다."고 했다. 힘들지만 그만두고 싶은 게 아니라 더 잘하고 싶은 것임을 스스로 확인했다. '귀차니즘'과의 대결에서 부지런히 생활해야 한다고 스스로 답을 찾았다. 대화 후 훨씬 안정된 상태를 보였다.

짧은 대화였지만 자신에게 필요한 해답은 스스로 가졌다는 것을 명확히 알게 되었다. 경청, 질문, 인정 과정에서 자연스럽게 피드백이 형성되고 스스로 답을 찾는 코칭 경험은 강사로서 멋진 깨달음을 주었다. 이 경험 이후 딸아이는 어려움 속에서도 셀프 코칭과 엄마와의 코칭 대화로 자신의 답을 찾고 성장했다.

### ▲ 코칭으로 강의하라! 모두가 주인공이 될 수 있다

코칭 철학과 기법은 강의 현장에서 놀라운 힘을 발휘한다. 강사가 일방적 전달 대신 학습자에게 질문하고 경청, 공감할 때, 학습자는 스스로 생각하고 탐구하며 수업에 적극 참여한다.

- **질문으로 생각 스위치 켜기**: 적절한 질문은 학습자 스스로 답을 찾고 깨닫게 하며 깊은 몰입으로 이끈다. "이 내용을 당신 삶에 어떻게 적용할까?" 같은 질문은 학습자를 능동적 탐구자로 변화시킨다.
- **경청과 공감으로 안전 공간**: 강사가 학습자 이야기에 진심으로 귀 기울일 때, 학습자는 존중받고 자유롭게 표현할 용기를 얻는다. 이 심리적 안전함이 적극 참여와 몰입 기반이 된다.
- **학습자의 자원 믿어주기**: 코칭은 모두 안에 문제 해결 자원이 있다고 믿는다. 강사도 학습자 안에 답이 있음을 믿고 스스로 발견하도록 돕는다. 학습자 스스로 발견한 답은 강한 동기와 몰입으로 이어진다.
- **모두가 주인공 되기**: 코칭 기반 강의에서 강사만 지식을 가진 존재가 아니다. 학습자는 자신의 경험과 생각을 공유하며 서로 배우고 자신의 목소리를 내 인정받는다. 모두 참여하고 상호작용할 때 강력한 집중과 몰입이 만들어진다.

강의에 코칭 활용은 새로운 스킬 넘어 교육 철학 변화다. 강사 혼자 아닌, 학습자 한 명 한 명이 자신의 빛을 발견하고 함께 빛나는 강의를 만드는 것이다. 이러한 코칭 기반 강의야말로 흩어진 집중력을 모으고 모두를 주인공 삼아 깊은 몰입과 유의미한 학습 효과를 이끌어내는 '집중력 혁명'의 핵심 기술이다. 이제 강사들은 코칭 '열쇠'로 학습자들과 함께 새로운 몰입 문을 열 때다.

내용 상세 보기 ▶

안순화
(수화파이프 대표, (주)원원긍정컨설팅 교수)

## 기술 17:
## 몰입의 방아쇠: 골든타임을 장악하는 기술

강의에서 우리가 제아무리 뛰어난 기획과 내용, 말솜씨를 갖추더라도, 청중이 '몰입 상태'에 들어가지 못하면 노력의 절반은 헛수고가 된다. 청중의 몰입은 강사의 실력을 빛내고 학습 효과를 비약적으로 높이는 마법이다. 이 몰입 상태를 학습자 스스로 '저절로' 만들어 내게 하는 핵심 장치, 즉 '몰입의 방아쇠'를 어떻게 설정할지 구체적인 방법과 사례를 나누고자 한다. 이 내용을 통해 강사들은 현장에서 활용할 귀한 도구를 얻게 될 것이다.

## ▲ 왜 '몰입의 방아쇠'가 핵심인가?

'몰입의 방아쇠'란, 청중이 특정 시점에 자연스럽게 집중 상태로 뛰어들게 하는 강력한 '트리거(trigger)'다. 강사의 열정이 제대로 전해지려면 청중이 심리적·인지적으로 준비된 상태여야 하는데, 방아쇠가 바로 그 순간을 만든다.

미하이 칙센트미하이의 '몰입(flow)' 이론처럼, 사람은 능력과 도전 수준이 균형 이룰 때 몰입한다. 다양한 학습자가 있는 강의에서 '방아쇠'는 각자에게 맞춰 몰입 진입을 돕는 장치가 된다. "아하, 이제 본론이구나!" 하며 집중의 깊은 물살로 뛰어들게 하는 것이다. 이 방아쇠는 단순히 말로 "집중하세요." 하는 것을 넘어선다. 청중의 감각을 깨우고, 기대감을 높이며, '내 이야기구나'라고 공감하게 하는 섬세한 설계가 필요하다.

## ▲ 몰입의 방아쇠를 만드는 3가지 핵심 요소

몰입의 방아쇠는 다음 세 가지 핵심 요소를 활용하여 설계한다.

- **감각적 자극**: 오감을 깨우는 것은 즉각적인 몰입 유도 방법이다. 시각, 청각 등을 활용하여 PPT 색감/레이아웃 변화, 효과음/배경음악 사용 등으로 청중 뇌를 '깨어 있는 상태'로 전환하는 방아쇠를 만든다.
- **의미 부여**: 내용이 '왜 중요한가'가 분명할 때 몰입도는 높아진다.

학습자가 자신에게 의미 있다고 느낄 때 집중한다. '이 기술로 당신 강의가 달라질 것'이라는 식으로 청중의 목표와 이익에 연결하면 학습 의욕이 급상승한다. 스스로 '왜 들어야 하는가?' 생각하게 하는 질문이나 명확한 가치 제시로 몰입을 유도한다.

- **도전적 과제 제시**: '너무 쉽지도, 어렵지도 않은' 적정 수준 과제는 도전의식을 자극해 몰입으로 이끈다. "딱 30초, 이 상황에서 쓸 키워드 3개 찾아보자!" 같은 짧은 과제로 능력을 발휘하는 순간이 몰입의 문을 연다.

현장에서 바로 쓰는 몰입의 방아쇠 5가지 예시

▲ **강의 현장에서 쉽게 써볼 수 있는 몰입의 방아쇠 다섯 가지다.**

- **'상징적 오브젝트' 활용**: 강의대 옆에 예상치 못한 소품(시계 모형, 장난감) 배치. 시작 시 소품 언급, 주제와 연결하며 호기심 유발. 시각적 자극과 이야기로 몰입을 시작하게 한다. (팁: 단순하고 주제 연관성 있는 소품)
- **'사운드 큐**(Sound Cue)**' 분위기 전환**: 중요한 내용 시작 시 짧은 사운드(종소리 등) 들려주기. 소리가 핵심 신호임을 알리며 뇌를 각성, 집중 모드로 전환. (팁: 짧고 반복 기억 쉬운 음)
- **'즉흥 퀴즈' 도입**: 강의 중 5분 내외 즉석 퀴즈. 정답자에게 작은 보상. 보상/게임 요소로 도파민 분비 유도, 분위기 전환 강력한 방아쇠. (팁: 70~80% 맞힐 수준)
- **'스스로 선언' 기법**: "배우고 싶은 점 한 문장 적고 소리 내 읽어보자." 활용. 말과 글로 자기 목표 표현하며 심리적 각성 높여 수동적

태도 벗어나게 함. (팁: 개인 지목 대신 전체/짝 발표로 부담 낮추기)
- **'작은 동작' 분위기 리셋**: '10초만 일어나 '파이팅!' 동작'등 간단한 신체 활동 유도. 혈액순환 촉진, 피곤함 줄여 집중력 끌어올림. 일체감 형성으로 집단 몰입 높임. (팁: 무리 없는 간단하고 유쾌한 동작)

### ▲ 몰입의 방아쇠 설계 시 주의할 점

몰입의 방아쇠는 잘 사용하면 강력한 도구지만, 잘못 사용하면 오히려 강의 흐름을 해칠 수 있다.

- **강의 흐름을 끊지 않아야 한다**: 방아쇠는 청중이 더 깊이 몰입하게 만드는 '진입 장치'여야 한다. 지나치게 방해가 되는 이벤트나 논리적 흐름을 완전히 중단시키는 장치는 오히려 역효과를 일으킨다. 너무 잦은 퀴즈나 과하게 큰 배경 음악은 강의 맥을 놓치게 할 수 있다.
- **청중의 반응을 계속 모니터링해야 한다**: 방아쇠 효과는 모든 청중에게 동일하게 작동하지 않는다. 같은 기법이라도 청중의 연령, 관심사, 전문성에 따라 반응이 달라진다. 강사는 '지금 이 방아쇠가 잘 통하고 있나?'를 세심하게 관찰하며, 필요하다면 즉각적으로 수정하거나 다른 방법으로 유연하게 대체할 준비가 되어 있어야 한다.
- **명확한 학습 목표와 연결해야 한다**: 방아쇠가 단순히 재미 요소로만 사용된다면, 순간적인 웃음과 호응은 얻을 수 있어도 강의의 궁극적인 학습 목표나 효과로 이어지지 못할 수 있다. "이 강의의 핵심 메시지는 무엇인가?", "청중의 삶에 어떤 긍정적 변화를 기대하는

가?"를 분명히 한 뒤, 방아쇠 기법을 그 핵심 메시지와 자연스럽게 연결하여 구성해야 한다.

▲ **몰입의 방아쇠 활용으로 얻는 기대효과**

- **높은 강의평가 및 재수강 의도**: 몰입도 높은 강의는 잔상/감동 남겨 만족도/입소문 높임.
- **지식/기술 효율적 전달**: 몰입 상태 청중은 정보 흡수 빠르고 이해도 높아 실제 행동 변화 가능성 큼.
- **강사-청중 유대감 형성**: 상호작용 강화로 강의가 '함께 완성 체험' 되어 유대감 지속.

'몰입의 방아쇠'는 강의 판도를 바꾸는 작은 스위치다. 능숙하게 다루는 강사는 지루함을 몰입으로, 수동적 청중을 능동적 학습자로 변화시키는 '집중력 혁명'을 실현할 수 있다. 당신의 강의에 '몰입의 방아쇠'를 설정하고, 청중의 잠재된 집중력을 깨워보자.

내용 상세 보기 ▶

**유경화**
(드림AI콘텐츠연구소 소장)

## 기술 18:
## 목소리 조율, 청중 집중력의 지휘봉

발표나 강의를 준비할 때, 많은 강사들이 콘텐츠 내용 자체에만 몰두하는 경향이 있다. 하지만 정작 청중의 마음을 움직이고 집중력을 사로잡는 데 결정적인 역할을 하는 요소는 바로 '목소리 조절'이다. 교육 전문가들은 강사의 발음, 속도, 볼륨 등을 정교하게 조절하고 피드백받을 수 있는 온라인 스피치 코칭 도구 개발에 주목하고 있으며, 이는 목소리의 중요성을 방증한다. Okrasa 외(2022)의 〈Supporting Self-development of Speech Delivery for Education Professionals〉 논문에서도 강사의 음성 전달 방식이 청중의 몰입도를 결정짓는 핵심 요소 중 하나임을 명확히 지적한다.

연구 결과에 따르면, 목소리의 높낮이(Pitch)와 속도(Speech Rate)를 전략적으로 조절하면 강의의 중요한 순간을 효과적으로 강조할 수 있고, 이를 통해 청중의 집중력을 비약적으로 높일 수 있다. 또한 음량(Volume)과 강세(Dynamics)를 능숙하게 활용하여 메시지에 감정을 담아 전달하면, 내용의 이해도를 심화시키고 청중의 기억에 오래도록 남게 만든다. 명확한 발음과 딕션(Articulation)은 청중이 강의 내용을 쉽게 따라오도록 돕고, 목소리의 리듬감을 통해 강사와 청중 간 상호작용을 촉진하여 몰입도를 극대화할 수 있다. 이 연구는 강사가 단순한 정보 전달자를 넘어, 음성의 다양한 요소를 전략적으로 활용하여 청중을 능동적으로 몰입시키는 '음성 연출가' 역할을 해야 함을 강조한다. 즉, 목소리를 어떻게 활용하느냐에 따라 청중의 몰입도를 좌우하고, 전달하고자 하는 메시지의 영향력을 극대화할 수 있다는 것이다.

### ▲ 왜 목소리 조절이 성공적인 강의의 핵심인가?

목소리는 단순히 메시지를 전달하는 도구를 넘어선, 청중과의 감정적 연결을 형성하고 메시지의 영향력을 극대화하는 강력한 의사소통 수단이다. 흥미로운 점은 청중들이 종종 발표 내용 자체보다 발표자의 목소리 톤에서 더 큰 신뢰감과 설득력을 느낀다는 사실이다. 목소리에 담긴 진정성과 에너지가 청중의 마음을 움직이기 때문이다.

수년간 강사로 활동하며 이 사실을 몸소 체험했다. 초보 강사 시절부터 지금까지 깨달은 가장 큰 교훈 중 하나는 아무리 훌륭하게 준비한 콘텐츠라도 어떤 톤과 방식으로 말하느냐에 따라 청중의 반응이 하늘과 땅 차이만큼 달라질 수 있다는 점이다. 단조롭고 생기 없는 목소리는 아무리 좋은 내용이라도 청중의 관심을 순식간에 흩트리고 졸음을 유발한다. 반면, 생동감 있고 표현력이 풍부한 목소리는 평범한 내용조차 매력적으로 만들어 청중의 귀를 사로잡고 몰입도를 크게 높일 수 있다. 연설이나 강의에서 목소리의 높낮이, 속도, 강약을 효과적으로 조절하면 청중의 주의력을 오래 유지시키고 핵심 메시지를 더 강력하게 각인시킬 수 있다. 실제로 많은 연구에서도 메시지 전달력의 상당 부분이 '무엇을 말하는가'(콘텐츠)보다 '어떻게 말하는가'(전달 방식, 특히 목소리)에 좌우됨을 강조한다. 목소리는 우리가 전하는 메시지에 생명력을 불어넣는 숨결과도 같다.

### ▲ 몰입을 디자인하는 목소리 조절의 주요 요소

Okrasa 외(2022)의 연구는 강사의 목소리 조절 능력이 강의 전달력과 청중 몰입도에 상당한 영향을 미친다고 밝힌다. 이 연구는 효과적인 목소리 조절의 핵심 요소로 음높이(Pitch), 속도(Speech Rate), 음량(Volume), 강세(Dynamics)를 제시한다.

- 음높이(Pitch): 다양한 피치 변화는 청중의 단조로움을 깨고 주의력을 환기시키며, 강조하고자 하는 내용을 효과적으로 부각시킬 수 있는 중요한 도구이다. 중요한 내용은 평소보다 약간 높거나 낮은 피치로

전달하여 주목도를 높인다.
- **속도**(Speech Rate): 강의 중 말하기 속도의 전략적 조절은 청중의 이해도를 크게 향상시킨다. 핵심 개념이나 중요한 아이디어를 설명할 때는 의도적으로 속도를 늦추어 청중이 충분히 소화할 시간을 주고, 상대적으로 덜 중요한 내용은 속도를 높여 강의의 전체적인 리듬감을 살린다.
- **음량**(Volume)**과 강세**(Dynamics): 음량 변화와 강세 활용이 감정 전달과 청중의 몰입도를 높이는 데 결정적 역할을 한다. 특히 중요한 정보를 전달할 때는 음량을 키워 주목도를 높이거나, 때로는 의도적으로 속삭이듯 작은 음량을 사용하여 청중의 긴장감과 집중력을 순간적으로 끌어올릴 수 있다. 특정 단어나 문장에 강세를 주어 메시지의 핵심을 강조한다.
- **음색**(Tone): 연구에서 직접 다루지는 않았지만, 목소리의 '색깔'이라 할 수 있는 음색 또한 중요하다. 발표자의 태도, 감정, 성격을 전달하며 청중과의 정서적 연결에 영향을 미친다. 자신감 있는 음색, 부드러운 음색 등을 상황에 맞게 활용한다.

**감정과 집중력을 사로잡는 목소리 조절법**

음성의 피치 변화, 속도 조절, 볼륨/강세 조절은 감정 전달력을 크게 강화한다. 10년 넘게 강의하며 이러한 요소들이 청중과의 정서적 연결과 집중 유도에 얼마나 중요한지 절감하고 있다.

- **흥분과 열정**: 피치를 높이고, 속도를 빠르게 하며, 볼륨을 강하게 조

절하면 청중의 관심과 에너지를 순식간에 끌어올릴 수 있다.
- **권위와 자신감**: 일정한 톤과 낮은 피치를 유지하고, 차분한 속도로 말하는 것이 효과적이다. 청중에게 신뢰감을 준다.
- **공감과 연민**: 부드러운 목소리 톤과 의도적으로 느린 템포를 사용하면 청중이 발표자의 감정에 깊이 공감하고 함께 감정을 나눌 수 있다.
- **긴장감과 진지함**: 확고한 톤과 낮은 피치를 활용하면서 다소 빠른 속도로 말하는 것이 효과적이다. 중요한 메시지 전달 시 청중의 집중력을 극대화한다.

**목소리 조절, 몰입을 유지하는 기술**

목소리 조절은 청중의 몰입도를 유지하는 데 매우 효과적인 기술이다. 그동안 강의를 통해 깨달은 점은, 아무리 뛰어난 내용도 전달 방식이 단조롭다면 그 가치가 반감된다는 사실이다. 단조로운 목소리(피치, 속도, 강세 변화 부족)는 청중의 집중력을 급격히 떨어뜨리고 피로감을 유발하여 학습 효과를 저하시킨다. 반면, 목소리 조절은 핵심 메시지를 효과적으로 강조하고 청중의 주의를 지속적으로 환기시키는 강력한 도구다. 강세와 볼륨 변화는 중요한 정보를 청중 기억에 더 강하게 각인시킨다.

▲ **목소리 조절, 연습이 핵심이다**

Okrasa 외(2022) 연구는 강사가 자신의 음성을 녹음하고 분석하는 것이 효과적인 피드백 방법이라고 제시한다. 초보 강사 시절, 떨리는 목소리로 어떻게 연습할지 막막할 때 시도했던 방법이 녹음이었다. 강의 내용을 수십 번 녹음하고 듣고 수정하며 목소리의 단조로움과 빠르기를 개선해 나갔다.

- **녹음 후 피드백**: 자신의 강의를 녹음하여 피치, 속도, 볼륨, 강세 등을 체계적으로 분석하고 조절하는 연습이 중요하다. 처음에는 어색하더라도 꾸준히 반복한다.
- **적절한 균형 찾기**: 과도하거나 인위적인 음성 조절은 오히려 역효과를 낸다. 자연스러운 흐름 속에서 변화를 주는 균형 감각을 찾는 것이 관건이다. 꾸준한 연습을 통해 자연스러움을 익힌다.

"목소리 조절이 발표의 완성도를 결정한다."

진정한 발표의 명인은 목소리로 청중의 마음을 움직이고 영감을 불어넣는다. 다년간 강의하며 깨달은 것은 목소리를 적절히 활용할 때 설득력이 극대화되고 청중과의 정서적 연결이 깊어진다는 사실이다. TED Talk 연설가 사이먼 시넥은 말했다.

"사람들은 당신이 '무엇을' 말하는지보다, '왜' 말하는지에 더 귀 기울인다. 그리고 그 '왜'는 종종 당신의 목소리에 담겨 있다."

여러분의 목소리는 단순한 소리가 아니라 여러분만의 고유한 악기다. 이 악기를 능숙하게 다룰수록 청중의 마음을 움직이는 뛰어난 공연자가 될 수 있다. 처음에는 의식적인 노력이 필요하겠지만, 꾸준한 연습을 통해 자연스러운 습관으로 발전시킬 수 있다. 떨리는 목소리와 단조로운 톤으로 시작했을지라도, 인내심과 노력으로 목소리는 강의의 가장 강력한 무기가 될 수 있다. 이 책을 읽는 모든 강사 여러분이 자신의 목소리에 담긴 무한한 가능성을 발견하고 활용하여, 전하는 메시지가 청중 가슴에 울려 퍼지는 '집중력 혁명'을 일으키길 진심으로 응원한다.

내용 상세 보기 ▶

유창옥
(희망디자이너)

## 기술 19:
## 강의 승부처 첫 5분, 청중 몰입 디자인 마법

 강의 시작을 알리는 오프닝은 마치 출발 신호탄과 같다. 청중은 그 신호탄을 듣고 이후 강의에 주의를 집중할지, 혹은 다른 곳으로 시선을 돌릴지를 결정하는 중요한 순간을 맞이한다. 강의가 시작되고 5분이 지났는데도 청중의 초반 분위기를 단단히 장악하지 못한다면, 안타깝게도 대부분 청중의 마음은 강사를 떠나 산만함 속으로 빠져들기 쉽다. 따라서 강사는 이 짧고 결정적인 첫 5분이라는 시간 안에 청중의 주의와 관심을 단숨에 끌어당기고 몰입을 유도할 수 있는 자신만의 강력하고 인상적인 특별한 도구를 반드시 마련해야 한다. 이 시작 시간을 어떻게 디자인하고 활용하느냐에 따라 강의 전체의 성공 여부가 결정될 만큼, 첫 5분은 강의의 승부처이자 청중 집중력을 장악하는 골든타임이다.

▲ **첫 5분, 왜 그토록 중요한가? 몰입을 위한 마법의 시간**

강의 초기 5분 안에 청중의 흥미를 유발하고 집중시키는 것은 단순히 좋은 첫인상을 남기는 것을 넘어선다. 이는 청중의 뇌가 '이제부터 중요한 정보를 받아들일 준비를 하자'고 스스로 신호를 보내는 결정적인 시간이다. 이 골든타임을 놓치면, 이후 아무리 훌륭한 내용을 준비했더라도 이미 흩어진 청중의 주의를 다시 모으기란 매우 어렵고 비효율적이다. 따라서 이 짧은 5분을 어떻게 몰입을 위한 시간으로 디자인하느냐가 강의의 판도를 완전히 바꾼다.

이 마법 같은 오프닝 시간을 효과적으로 활용하기 위해서는 무엇보다 철저한 사전 준비가 필수적이다. 강의 내용을 완벽하게 숙지하고 자연스러운 흐름으로 전달할 수 있도록 충분히 연습해야 한다. 청중의 특징과 요구를 사전에 면밀히 분석하여 그들에게 가장 강력하게 와닿을 만한 맞춤형 오프닝 전략을 구성하는 것도 중요하다. 또한 청중으로부터 나올 수 있는 예상 질문을 미리 준비하여 어떤 상황에서도 당황하지 않고 유연하게 대처할 수 있도록 대비하고, 강의자료(PPT, 영상 등) 및 필요한 장비가 제대로 작동하는지 꼼꼼히 점검해야 한다. 이러한 빈틈없는 준비가 단단한 바탕이 될 때, 비로소 청중의 마음을 단숨에 사로잡는 강력하고 창의적인 오프닝 마법을 자신 있게 펼칠 수 있다.

▲ **청중을 사로잡는 첫 5분 오프닝 마법: 7가지 전략**

이제 강의 시작 5분 안에 청중을 단숨에 사로잡고 다른 강사들과 차별화될 수 있는 7가지 오프닝 마법 전략을 구체적으로 소개한다. 이 전략들은 청중의 주의를 집중시키고 강의 초반 분위기를 압도적으로 장악하는 강력한 도구가 될 것이다.

- **시각적 효과 활용을 통한 강렬한 첫인상 전달**: 청중의 눈을 단숨에 사로잡는 마법이다. 강의 주제와 관련된 짧고 강렬한 영상이나 인상적인 이미지를 활용하여 시각적인 주목을 끌어당긴다. 강의 내용과 관련된 상징적인 소품을 활용하는 것 또한 청중의 호기심을 자극하고 '저것은 왜 저기 있을까?' 하는 생각으로 자연스럽게 몰입도를 높이는 효과적인 방법이다. 여기에 강사의 밝고 활기찬 표정과 자신감 넘치는 목소리에서 뿜어져 나오는 긍정적인 에너지는 청중에게 강렬하고 매력적인 첫인상을 각인시킨다.
- **질문과 소통을 통한 청중과의 공감대 형성**: 일방적인 지식 전달이 아닌 소통으로 청중의 마음을 여는 마법이다. 강의 주제와 관련된 흥미로운 질문을 던져 청중 스스로 생각하게 하고, 대답을 유도하며 적극적인 참여를 끌어낸다. 강사의 진솔한 경험이나 청중의 경험을 공유하며 인간적인 공감대를 형성하고 친밀감을 높이는 것도 청중의 마음을 얻는 데 중요하다. 간결하면서도 강사의 전문성과 열정을 보

여주는 자신감 있는 자기소개는 청중에게 신뢰감을 주며 마음을 열게 하는 첫걸음이 된다.

- **간결하고 명확한 핵심 메시지 전달**: 청중에게 '이 강의를 왜 들어야 하는가?'를 분명히 각인시키는 마법이다. 강의의 핵심 내용을 간결하고 임팩트 있게 요약하여 청중의 이해도를 높이고, 강의를 통해 무엇을 얻어갈 수 있는지 명확한 강의 목표를 제시하여 강력한 학습 동기를 부여한다. 또한 강의 중 질문 시간을 미리 안내하여 청중의 궁금증을 자극하고 적극적인 참여를 유도하는 것은 오프닝 단계부터 청중의 능동성을 이끌어내는 효과적인 방법이다.
- **스토리텔링과 유머를 사용한 흥미 유발**: 지루할 틈 없이 강의에 빠져들게 하는 마법이다. 강의 내용과 관련된 흥미롭고 생생한 이야기를 통해 청중의 감성을 자극하고 몰입도를 높인다. 적절한 유머는 강의 분위기를 부드럽게 만들고 청중의 긴장감을 완화하며 강사에 대한 호감을 높인다. 추상적인 개념을 설명할 때는 청중이 쉽게 이해하고 공감할 수 있는 구체적이고 생생한 예시를 드는 것이 효과적이다.
- **퀴즈와 게임을 통한 청중 참여 유도**: 수동적 청취자에서 능동적 참여자로 변신시키는 마법이다. 강의 내용과 관련된 간단한 퀴즈는 청중의 흥미를 유발하고 참여를 유도하며 학습 효과를 높인다. 강의 내용을 복습하거나 적용하는 간단한 게임은 즐거운 분위기 속에서 학습 효과를 높이며 집중력을 끌어올린다. 청중 간의 협력을 유도하는 그룹 활동은 참여도를 높이고 서로에 대한 친밀감을 형성하는 데 기여한다.
- **칭찬과 격려를 통한 긍정적인 분위기 조성**: 심리적 안정감으로 집중

력을 끌어올리는 마법이다. 청중의 작은 성취(질문에 응답하거나 활동에 참여하는 것 등)에도 구체적인 칭찬과 진심 어린 격려를 아끼지 않으면 긍정적인 분위기가 형성되고 학습자들은 '나도 할 수 있다', '내 참여가 가치 있구나'는 자신감을 얻는다. 편안하고 자유로운 분위기를 조성하여 청중의 질문과 의견 제시를 장려하는 것 또한 적극적인 참여와 집중을 높이는 중요한 요소다.

- **사전 준비 철저**: 위 모든 마법을 가능하게 하는 가장 기본적인 마법이자 필수 전략이다. 강의 시작 전 충분한 준비는 강사 자신의 자신감과 여유로운 분위기를 조성하고, 이는 청중에게 긍정적인 영향을 미친다. 예상 질문 준비, 강의 자료 및 장비 점검 등 빈틈없는 사전 준비가 있어야 어떤 상황에서도 흔들림 없이 오프닝 마법을 펼칠 수 있다.

### ▲ 첫 5분을 넘어선 몰입 유지 기술: 아이스 브레이킹의 역할

강의 초반 5분간의 분위기 장악이 강의의 성패를 좌우하는 중요한 순간이라면, 그 이후 청중의 주의를 지속적으로 집중시키고 강의에 대한 몰입 상태를 유지하기 위한 또 하나의 강력한 마법은 아이스 브레이킹(Ice Breaking)이다. 아이스 브레이킹은 얼음처럼 차갑고 서먹한 강의실 분위기를 단숨에 녹이고, 강사와 청중 간, 혹은 청중 서로 간의 어색함을 해소하여 친밀감과 유대감을 형성하는 기법이다. 효과적인 아이스 브레이킹은 청중의 마음을 열고 수업에 대한 긍정적인 기대감을 높여 몰입도를 자연스럽게 끌어올린다. 아이스 브레이킹은 단순히 쉬어가는 시간이 아니라, 이후의 깊은 몰입을 위한 전략적이고 심도 있게 준비해야 할 핵심 과정이다.

아이스 브레이킹 기법으로는 간단한 스팟(Spot) 활동이나 가벼운 체조를 통해 몸과 머리를 리프레시하는 방법, 강의 주제와 관련된 간단한 게임을 활용하는 방법, 같은 취미나 좋아하는 음식, 출신 지역 등 공통점을 찾아 이야기 나누는 '공통점 찾기' 게임 등이 있다. 이러한 활동들은 청중의 긴장을 완화하고 서로에게 관심을 기울이게 만들며, 강의 본론으로 자연스럽게 진입하여 몰입을 이어갈 수 있는 든든한 다리가 된다. 아이스 브레이킹을 전략적으로 활용함으로써 첫 5분의 몰입을 강의 전체로 확장할 수 있다.

### ▲ 나만의 오프닝 마법을 완성하기 위한 지속적인 노력

몇 시간, 혹은 몇 달을 공들여 준비한 귀한 강의가 첫 5분의 오프닝 결과가 좋지 못해 청중의 마음을 얻지 못한다면 너무나 안타까운 일이다. 늘 하던 틀에 박힌 오프닝이 아닌, 청중의 마음을 단숨에 사로잡고 강의 내내 몰입을 유지시키는 창의적이고 멋진 나만의 오프닝 마법을 만들기 위해서는 다음과 같은 지속적인 노력이 반드시 필요하다.

- **사전 준비**: 강의 시작 전 충분한 준비는 강사 자신의 자신감과 여유로운 분위기를 조성하고, 이는 청중에게 긍정적인 영향을 미친다. 모든 오프닝 마법의 기본이다.

- **수강생 분석**: 다양한 배경과 기대를 가진 청중의 특징과 요구를 정확히 파악하여 그들에게 가장 효과적이고 매력적인 맞춤형 오프닝 전략을 구성한다.
- **피드백 활용**: 강의 후 청중의 솔직한 피드백을 통해 오프닝의 효과를 냉철하게 분석하고 개선점을 파악하여 다음 강의에 반영하는 과정을 반복한다. 지속적인 성장을 통해 나만의 오프닝 마법을 더욱 정교하게 다듬어갈 수 있다.

강의 시작 5분은 청중의 집중도를 결정하고 강의의 성패를 결정짓는 가장 중요한 시간이다. 위에 제시된 다양한 오프닝 마법 전략들을 꾸준히 연습하고, 자신만의 스타일로 발전시켜 활용하여, 청중을 단숨에 사로잡고 강의 내내 몰입을 유지시키는 당신만의 매력적인 오프닝을 완성해 보자. 이 마법은 당신의 강의를 단순한 '지식 전달'을 넘어 청중의 삶에 깊은 울림과 긍정적인 변화를 주는 '잊을 수 없는 경험'으로 만들 것이다.

내용 상세 보기 ▶

이경호
(콘텐츠기획자협회 회장)

## 기술 20:
## 잠시 딴 생각, 집중력 소생술의 비밀

 "집중! 집중! 집중해 주세요!" 강의 현장에서 우리가 가장 자주 외치게 되는 말 중 하나일 것이다. 강사라면 누구나 수업 중 학습자들의 집중력을 처음부터 끝까지 유지하는 것이 얼마나 쉽지 않은 일인지 경험으로 잘 알고 있다. 처음에는 다양한 방법과 기술을 동원해 학생들의 주의를 끌어보지만, 시간이 지나면서 한 명, 두 명씩 집중력이 흐트러지고 눈빛이 흔들리는 모습을 발견하게 된다. 목소리를 높여 보기도 하고, 중요한 내용이라고 반복해서 강조해 보지만, 어느새 학생들의 머리가 책상에 닿거나 시선이

다른 곳을 향하는 순간, 다시 집중하게 만들기는 여간 어려운 일이 아니다.

하지만, 이럴 때 아이러니하게도 '잠시 다른 생각을 하는 것'이 오히려 흐트러진 집중력을 되살리는 데 도움이 될 수 있다는 이야기를 들으면 고개를 갸우뚱할 분들이 많을 것이다. "딴생각이 집중력을 높인다니요?", "수업 시간에 딴생각한다고 얼마나 혼났는데요, 말도 안 돼요!"라는 반응이 자연스럽게 나올 것이다. 하지만 이는 뇌 과학과 심리학 분야의 연구 결과를 바탕으로 설명할 수 있는 흥미로운 집중력 회복 전략이다.

### ▲ 집중력은 무한하지 않은, 한정된 자원이다.

먼저 우리가 인정해야 할 과학적 사실은, 우리의 집중력이 무한하지 않은 한정된 자원이라는 점이다. 뇌 과학 연구에 따르면, 우리의 집중력은 뇌의 앞쪽 부분인 전두엽이 관장하며, 한 번에 강하게 지속할 수 있는 시간은 평균 20~30분 정도라고 한다. 그 이후에는 인지적 피로도가 쌓이면서 주의력이 자연스럽게 감소하는 경향을 보인다. 따라서 아무리 뛰어난 강사가 매력적인 내용으로 노력해도, 학습자에게 처음부터 끝까지 지속적인 최고 수준의 집중을 요구하는 것에는 물리적인 한계가 있다(Helga Noice et al., The Neuroscience of Attention 연구 등).

최근 연구 결과들은 이러한 집중력의 한계가 더욱 짧아지고 있음을 보여준다. 심리학자 Gloria Mark의 최근 연구에서는 20년 전 사람들이 다른 화면으로 전환하기 전 특정 화면에 평균 2분 30초를 머물렀지만, 멀티태스킹과 무한 스크롤링이 가능한 오늘날에는 그 시간이 단 47초로 급격히 단축되었다고 한다. 즉, 현대인은 평균 47초마다 주의가 전환되는 패턴에 무의식적으로 익숙해져 있다. 이러한 연구들은 스마트폰 등장 이후 사람들의 집중력이 급격히 떨어졌다는 모든 연구자의 공통된 의견을 과학적으로 뒷받침한다.

이런 점에서, 일정 시간 집중한 후 잠시 다른 활동을 하거나, 의도적으로 딴생각을 유도하는 것이 뇌의 피로를 줄이고, 다시 집중할 수 있는 에너지를 회복하는 효과적인 방법이 될 수 있다.

### ▲ '딴생각'의 역설: 집중력을 되살리는 기술

많은 사람은 '딴생각'을 하면 당연히 산만해지고 집중을 방해한다고 생각하며 부정적으로만 여긴다. 하지만 이는 무조건 나쁜 것만은 아니다. 연구에 따르면, 적절한 수준의 마인드 워닝(Mind-wandering), 즉 딴생각은 창의력과 문제해결 능력을 높이는 동시에, 주 과제에서 잠시 벗어나 뇌를 쉬게 함으로써 이후 집중력을 다시 높이는 효과가 있다.

대표적인 예시가 포모도로 기법(Pomodoro Technique)이다. 25분 집중 후 5분 휴식을 반복하는 이 방법은 짧은 휴식이 인지적 피로를 해소하여 다음 집중 시간을 효과적으로 만든다는 원리를 활용한다. 이처럼 일정 시간 동안 집중하며 인지 자원을 소모한 후 잠시 딴생각을 하거나 다른 행동으로 주의를 전환하면, 뇌가 회복되면서 집중력이 다시 강화될 수 있다는 이론이 주의 회복 이론 또는 뇌의 자연적 리셋 과정으로 설명된다. 지속적인 집중은 인지 자원을 소모하고 주의력을 떨어뜨리지만, 자연환경에 잠시 노출되거나 간단한 활동, 혹은 통제된 딴생각을 통해 뇌를 회복시키면 집중력이 다시 강화된다는 것이다.

물론 너무 깊이 빠지는 딴생각은 주 학습 내용을 놓치게 하여 학습 효과를 떨어뜨릴 수 있다. 따라서 핵심은 '적절한 방식'으로 '전략적으로' 딴생각 또는 주의 전환을 활용하는 것이다.

### ▲ 현장에서 찾은 '딴생각' 활용법: 저자의 경험담

나는 20년 이상 다양한 학습자들을 대상으로 강의를 진행하면서, 학습자들의 집중력이 저하되는 순간을 직접 경험하고 이에 대한 해결 방법을 연구해 왔다. 특히 '잠시 딴생각'이 집중력을 되살린다는 이론을 바탕으로 다양한 방식의 집중력 회복 기법을 시도하면서 몇 가지 효과적인 방법을 발견했다.

나의 교육 여정은 2002년 귀국 후 초중고 및 대학생 대상 영어 교육에서 시작되었다. 한국 학생들의 일방적인 주입식 교육으로 인한 '인풋은 많으나 아웃풋이 약한' 점을 보완하려 노력했다. 입시 종합학원을 개원하여 최상위권 학생들은 큰 무리 없이 집중했지만, 어느 날 중등부 학부모님의 눈물 어린 호소를 들었다. 위기 청소년들을 돌봐야 한다는 사명감으로 그들을 받아들이며 나의 교육 인생은 완전히 달라졌다. 소위 '일진', '왕따',

'학업 부적응', 'ADHD', 목표 의식 결여 등 다양한 어려움을 가진 위기 청소년들의 부모님들이 학원을 찾아오면서, 기존의 방식으로는 이들의 마음을 열고 집중력을 끌어내기 어렵다는 것을 절감했다. 라포 형성과 집중력을 위해 수업 시작 시 게임을 도입했지만, 게임에만 몰입하고 본 수업에서는 다시 집중력을 잃는 학생들을 보며 다양한 방법을 연구할 수밖에 없었다.

이러한 현장 경험 속에서 깨달은 '딴생각' 활용법은 다음과 같다. 교육청 근무 이후 공교육 현장(고등학교, 대학교)과 성인 대상 강의에서도 20년 이상 적용하며 효과를 확인했다.

- **강의 중간에 가벼운 신체 활동 포함하기**: 수업 중 집중력이 떨어지는 시점에, 모두 함께 〈즐겁게 춤을 추다가 그대로 멈춰라〉 같은 짧은 노래를 부르며 율동을 하거나, '잠시 5~10분 이내로 수업 내용 중 기억나는 키워드를 벽면 전지에 적어보기' 같은 짧은 활동을 진행했다. 학생들은 순간적으로 긴장을 풀고 몸을 움직이며 뇌를 환기한 후 다시 몰입할 준비가 되었다. 신체 활동은 뇌 혈류를 증가시켜 집중력 회복에 직접적인 도움을 준다.
- **학생들이 직접 가르치게 하기**: 집중력이 흐트러지는 시점에, 학습한 내용을 바탕으로 '네가 잘 이해한 부분을 친구에게 가르쳐 보기', 혹은 '강사와 학생이 역할 바꾸어 발표해 보기' 등을 시도했다. 학생들은 단순한 정보 청취자에서 정보를 가공하고 전달하는 적극적인 참여자로 변화하면서 학습 몰입도가 증가했다. 이는 뇌를 다른 방식으로 사용하며 집중력을 리프레시하는 효과가 있다.

- **강의와 무관해 보이는 요소 활용하기**: 학생들의 집중력이 저하되는 순간, 강의실 창밖 풍경이나 교실에 비치된 특정 사물을 가리키며 "창밖을 보자. 또는 저 ○○○을 보자. 지금 그것을 보면서 여러분이 느끼는 감정을 한마디로 표현해 볼까요?"라고 질문해 보았다. 언뜻 딴생각처럼 보이지만, 감각적 자극(시각 정보)을 통해 감정을 알아차리고 이를 언어화하는 과정에서 뇌가 주 과제에서 잠시 벗어나 리프레시되며 다시 집중할 준비를 하는 것을 관찰할 수 있었다.

### ▲ 강사들을 위한 '딴생각' 활용 실전 가이드

- **집중력이 떨어지는 순간을 파악하라**: 학습자들의 집중이 흐트러지는 시점(보통 15-20분 간격)을 미리 예상하고, 그 순간에 맞춰 전략적으로 '딴생각 유도' 시간을 계획한다.
- **짧고 간단한 딴생각/주의 전환 유도**: 강의 내용과 직접적인 관련이 없더라도 가벼운 넌센스 퀴즈, 짧은 스트레칭, 혹은 위 사례처럼 강의실 내 특정 사물에 대해 이야기 나누는 등 짧고 간단한 활동으로 주의를 전환시킨다. 단, 활동 후 다시 수업 내용으로 자연스럽게 돌아올 수 있도록 설계하는 것이 중요하다.
- **딴생각 후 다시 집중할 수 있도록 동기 부여**: 주의 전환 활동이 끝난 후, "이제 다시 중요한 내용으로 돌아올 차례이다! 조금 전 쉬면서 느낀 감정을 떠올려보자. 이 감정이 오늘 수업과 어떻게 연결될까요?"와 같은 질문이나, 다음 내용에 대한 흥미로운 예고로 학습자의 주의를 다시 수업 내용으로 부드럽게 가져온다.

- **과도한 방해 요소는 배제**: 스마트폰 사용과 같은 자극은 통제되지 않으면 오히려 주의력을 더욱 분산시킬 수 있다. 충분한 검증을 거친 이후 강사님만의 명확한 규칙과 방법으로 적용해야 한다. 너무 긴 휴식이나 활동은 오히려 학습 흐름을 깨고 주의력 회복을 방해할 수 있으므로, 적절한 시간(보통 1~5분 이내)과 수준을 유지하는 것이 핵심이다.

"전략적 딴생각, 집중력 소생술의 비밀이다."

강의 중 집중력 저하는 자연스러운 현상이다. 이를 억지로 유지하기보다, 뇌의 자연 회복 메커니즘을 활용하는 것이 중요하다. 잠깐의 '딴생각' 또는 짧은 주의 전환은 인지 피로 해소와 뇌 리프레시를 통해 집중력을 되살리는 효과적인 '집중력 소생술'이다. 강의 흐름을 해치지 않는 범위 내에서 전략적으로 활용한다면, 학습자들은 더 오랜 시간 효과적으로 몰입할 수 있다. 이제 수업 중 학습자의 딴생각이나 산만함에 대해 너무 부정적으로 보지 말자. 오히려 그 순간을 포착하여 전략적인 '딴생각 유도' 또는 짧은 주의 전환 활동으로 활용해 보자. 여러분의 강의에 이 '몰입 소생술'을 적용해 보자! 학습자 집중력이 몰라보게 달라지고 강의 효과 또한 극대화될 것이다.

내용 상세 보기 ▶

이말옥
(웰에이징브랜드디렉트)

## 기술 21:
## 즐거운 집중력: 웃음으로 더욱 똑똑해지기

웃음은 기분을 즉각적으로 개선시키고 긴장된 근육을 이완시켜 스트레스를 해소하는 강력한 도구다. 하지만 웃음은 단순히 감정 표현을 넘어, 우리의 집중력과 기억력을 비약적으로 향상시키는 놀라운 힘을 지니고 있다. 내 삶의 중심에 웃음이 자리 잡은 후, 나는 웃음이야말로 현대 사회에서 생존을 넘어 성장하기 위한 필수 도구임을 절감했다.

요즈음 온 사방을 둘러봐도 마음 편히 웃을 만한 상황보다는 가슴 답답

한 사건들이 연이어 터진다. 극심한 경쟁 사회 속에서 웃음이 사라지고 현대인의 마음은 병들어 가고 있다. 패배하지 않고 좌절하지 않기 위해 마음의 문을 닫고 진심을 숨기는 모습은 얼마나 안타깝고 슬픈 현실인가. 우리 각자가 여유롭고 따뜻한 인생을 보내려면, 우리가 발 딛고 사는 사회 역시 둥글둥글 활짝 웃는 사회로 바뀌어 나가야 한다.

왜 우리나라는 행복지수가 세계 꼴찌이며 노인 자살률이 1등일까? 성공만을 향해 달려가는 길목에서 오는 괴리감으로 우울증 환자가 늘어나는 현실은 분명 슬픈 문제다. 젊은 청년들이 'N포 세대' (연애, 결혼, 출산, 취업, 내 집 마련을 넘어 인간관계와 희망까지 포기하는)라 불리는 것 또한 이 사회의 어두운 그림자를 보여준다. 청년들이 많은 것을 포기하게 된 근본 원인이 무엇일까 고민하지만 답을 찾기 어렵다.

오로지 '성공'으로 향하는 길에 매몰된 우리의 모습에서 인간적인 부분의 결여를 본다. 마음의 냉증으로 인한 각종 암 환자 증가, 우울증과 자살률 증가를 보며 '내가 세상을 위해 무엇을 할 수 있을까?' 생각하다가 '웃음을 세상으로 실어 나르자'는 나만의 신념을 세웠다. 그리고 매일 웃음을 선포하는 사람이 되었다. 웃음은 사람들 간의 관계를 개선하는 데 중요한 역할을 하고, 함께 웃는 것은 긍정적인 감정을 공유하게 만들어 관계를 더욱 단단하게 만든다고 믿는다.

### ▲ 웃음의 과학적 비밀: 뇌와 유전자를 바꾸다

"웃음과 감사하는 마음은 유전자도 바꾼다." 일본의 유전자 연구 제일인자인 무라카미 가즈오 박사의 연구를 통해 웃음이 유전자에 긍정적인 영향을 미친다는 것이 과학적으로 입증되었다. 또한 웃으면 뇌에서 쾌락 호르몬인 베타 엔도르핀이 분비되어 온몸에 쾌감이 퍼지고 유쾌해짐을 입증했다. 100세까지 장수하는 사람들은 대부분 웃는 얼굴이며, 그 웃음은 주위 사람들에게 안도감을 준다. TV에서 만난 100세 이상 장수 어르신들 모두 싱글벙글 웃고 계셨다. 온몸에서 진정으로 우러나오는 자연스러운 웃음, 그것이야말로 인생의 진정한 승리자의 모습이며, 그 웃는 얼굴의 힘이 바로 면역력이자 생명력이다.

어떻게 웃든 그 효과는 분명히 있다. 애교 있는 웃음, 소리 죽인 웃음, 박장대소 등 어떤 형태든 웃는 얼굴만 만들어도 뇌는 웃는다고 해석한다. 웃음은 인류 공통의 언어이며, 세계 평화의 가장 강력한 무기다. 그리고 이 웃음의 긍정적 생화학 반응은 우리의 집중력과 기억력 향상으로 직접 연결된다. 마음이 이완되고 긍정적인 상태가 될 때, 뇌는 정보를 더 효율적으로 처리하고 저장하기 때문이다. 웃음은 우리를 더욱 똑똑하게 만든다.

### ▲ 몸으로 익히는 웃음: 활력과 집중력 충전

웃음을 일상에 적용하는 것은 생각보다 어렵지 않다. 몸과 얼굴 근육을 활용한 간단한 체조만으로도 충분한 효과를 볼 수 있다.

- **전신 스마일 체조: '앗 하하하하' 체조**

발을 벌리고 선다.

엄지손가락을 벌리고 배 앞에 손을 둔다.

"하아~" 소리와 함께 양손을 벌려 허리에 댄다.

"앗!" 하고 천장을 향해 발성한다.

"핫핫핫" 웃음 소리와 함께 뒤로 젖힌 등과 양손을 앞으로 되돌리며 웃는다. 이 동작을 반복한다.

- **얼굴 근육 웃음 운동**: 양 손바닥을 문질러 따뜻하게 만든 후, 얼굴 근육을 감싸 풀어준다. 집게손가락과 엄지손가락으로 양 볼을 잡고 "아, 맛있다!"라고 말하며 뺨 근육을 둥글게 돌린다(밖으로, 안으로). 볼에서 손을 떼고 '핫' 하고 눈과 입을 크게 벌리면 우스꽝스러운 얼굴에 절로 웃음이 터진다. 이마를 양옆으로 당기며 "좋은 얼굴!"이라고 외치는 동작도 있다. 눈, 뺨, 입, 귀 순서로 잡아당기며 힘차게 외치면 자신의 모습에 웃지 않을 수 없다. 이러한 웃음 근육 체조는 뇌가 '웃고 있다'고 해석하게 하여 긍정적 효과를 가져온다.

노래 역시 훌륭한 치료 효과가 있다. 웃음과 노래는 배로 소리를 낸다는 공통점이 있다. 즐거운 노래는 자연스럽게 웃는 얼굴을 만들고, 노래하는 행위 자체가 자신을 해방시키는 자기치유가 될 수 있다.

▲ **세상으로 실어 나르는 웃음: 경험 사례**

나는 매일 새벽 독서 후 무조건 집을 나서 산이나 바다로 향한다. 그곳에서 1분 이상 박장대소를 한 후 영상 촬영을 해서 SNS에 올려버린다. 부끄러움을 무릅쓰고 웃음을 여기저기 퍼뜨리는 이유는 단 하나, '남에게 힘을 주고 나도 힘을 얻기 위해서'다. 영상을 본 단 한 사람이라도 함께 웃을 수 있다면 그것으로 족하다. 처음에는 어려워하던 사람들이 이제는 출근길이든 집이든 영상을 접하는 순간 함께 박장대소한다고 연락 주시는 분들이 늘고 있다.

2년 전 대한노인회 수업에서 만난 79세 어르신은 코로나로 갑자기 부인을 잃고 우울증으로 힘들어하셨다. 그분께 웃음 친구가 되어드리겠다고 약속하고 거의 매일 1년 정도 아침 6시에 전화로 함께 웃었다. 평생 박장대소 한번 안 하셨다던 어르신은 이제 전화만 하면 일단 박장대소부터 하고 대화를 시작하신다. 심지어 웃음 전도사가 되셔서 주변 어르신들께 함께 크게 웃어보자고 권할 정도가 되셨다고 하니 얼마나 감사한지 모른다. 전주 익산에 계신 81세 장로님께도 병든 부인 수발로 힘들어하신다는 말씀에 매일 웃음 영상을 보내드리고 있다. 처음엔 힘들었지만 지금은 덕분에 많이 웃을 수 있어서 감사하다고 하신다. 웃음이 운동도 되고 기분을 긍정적으로 바꾼다는 것이 신기하다고 하시는 어르신들의 모습에서 웃음의 힘을 다시 한번 느낀다. 유방암, 자궁암 환자 두 분에게도 웃음 바이러스를 전하는 웃음 친구가 되었다.

일주일에 한 번 성인 장애인 수업에서는 웃음과 감동을 주는 로프 마술로 호기심과 웃음을 선물한다. 밧줄이나 카드를 활용한 마술 참여는 기능 회복 훈련과 함께 자신감과 표현력, 자존감 상승으로 이어진다. 이는 영화

〈패치 아담스〉의 광대 요법과도 흡사하다. 때론 강사료 생각에 망설이기도 했지만, "나를 만나는 기쁨으로 한 주를 기다린다."는 장애인들을 보며 이보다 더 큰 기쁨은 없음을 깨닫는다. 하늘에 적금을 많이 하고 있다고 생각한다. 강사가 오고부터 성인 장애인들의 집중력과 발표력이 정말 좋아졌다는 말씀은 나를 더욱 힘껏 웃게 만드는 원동력이다.

### ▲ 일상에 적용하는 웃음 활동

- 〈시골 영감 서울 구경〉 노래 활용: 무릎 두 번, 박수 두 번, 손바닥 엇갈리기, 주먹 콩콩, 겨드랑이 날갯짓 네 번(2번 반복) 동작과 함께 박장대소를 이어간다. 음악에 맞춰 몸동작을 더하면 즐거움이 배가된다.
- 몸 풀기(〈퐁당퐁당〉 동요): 〈퐁당퐁당〉 동요를 부르면서 머리, 어깨, 가슴, 무릎 순서로 각각 박수 두 번, 구리구리(몸 비틀기) 두 번, 으쌰으쌰(힘내기) 두 번 동작을 4번씩 반복하며 온몸을 풀어준다.

웃음은 혼자 할 때도 효과가 있지만, 함께할 때 그 에너지는 배가된다. 수업 현장에서 학습자들과 함께 이러한 웃음 활동을 시도해 보자. 어색함은 사라지고 긍정적인 분위기 속에서 자연스럽게 집중력이 높아지는 것을 경험하게 될 것이다.

"웃음, 집중력 혁명의 가장 강력한 무기다."
웃음은 단순한 감정 표현을 넘어, 과학적으로 증명된 집중력 및 기억력 향상 도구이자, 면역력과 생명력, 그리고 관계 개선에 영향을 미치는 강력한 힘이다. 경쟁과 스트레스에 지친 현대 사회에서 웃음은 마음의 냉증을 녹이고 삶에 활력을 불어넣는 '소생술'과 같다.

"당신은 오늘 누구와 웃었나요?" 이 질문에 답하며 일상에서 웃음을 의도적으로 실천하고, 강의 현장에서도 다양한 웃음 활동을 접목해 보자. 웃음으로 시작된 긍정적인 에너지는 학습자들의 마음을 열고 집중력을 높여 학습 효과를 극대화하는 '집중력 혁명'의 가장 강력하고 즐거운 무기가 될 것이다. 웃음으로 더욱 똑똑해지고, 세상에 긍정적인 에너지를 퍼뜨리는 강사가 되자.

이승원
(DS감동교육연구소)

# 기술 22:
# 단숨에 마음의 빗장을 여는 인사

▲ **인사는 강의를 몰입하게 하는 흥미로운 시작이다.**

첫 만남은 누구에게나 어색할 수 있다. 강의장에서 처음으로 만나는 청강자들은 대부분 무표정한 얼굴이다. 아는 사람 없이 프로그램을 보고 신청한 청강자는 어색함을 달래기 위해 핸드폰을 열수밖에 없다. 어색함이 관계에 대한 어색함으로 이어져 자칫 지루할 수 있다. 첫 만남에서의 어색함을 잘 관리하는 것이 중요하다. 남녀노소 누구나 어색한 마음의 빗장을 단숨에 열고 몰입하게 하는 것은 진심어린 인사와 따뜻하고 친절한 태도이다. 인사 하나로 강의를 몰입하게 만든다고? 라고 질문을 할 수 있다. 강의를 시작하기 전에 강사가 먼저 청중 한사람 한사람과 눈을 맞추고 고개 숙여 진심 어린 인사를 하는 것은 강의를 몰입하게 만드는 매우 효과적인 방법이다. 진심을 담은 깊은 인사는 청강자에게 진심을 느끼게 하여 강의를 몰입하게 하는 흥미로운 시작이다.

### ▲ 인사하는 것만으로도 삶의 만족도를 높인다.

길에서 마주친 사람들에게 '안녕하세요'라고 인사하는 것만으로도 삶의 만족도를 높일수 있다는 재미있는 연구 결과가 나왔다. 튀르키예 사반치대와 영국 서섹스대 공동 연구팀은 낯선 사람들과의 일시적인 상호작용이 삶의 만족도를 높일 수 있다고 밝혔다. 세계보건기구는 최근 외로움이 매일 15개비의 담배를 피우는 것만큼 해롭다는 보고서를 내놓기도 했다. 외로움 감정이 만성염증처럼 면역력을 떨어뜨리고 노화 속도를 높이기 때문이다. 현대 사회에서 사람들이 점점 고립되고 있는 만큼 약한 유대감으로도 삶에 큰 영향을 받을 수 있는 것이다. 이에 연구팀은 튀르키예와 영국에서 최근 일주일 동안 낯선 사람들과 순간적인 상호작용이나 대화 여부 등에 대한 설문조사를 실시했다. 각 응답자들은 삶의 만족도나 일반적인 행복 지수도 함께 평가하도록 요청 받았다. 연구팀은 6만 3000여 명의 답변을 받아 회귀분석(OLS) 방식으로 응답을 평가했다. 그 결과 낯선 사람과 인사하거나 간단한 대화를 주고받은 사람들은 그렇지 않은 사람들보다 삶의 만족도가 높은 것으로 나타났다.

인사하는 것만으로도 삶의 만족도를 높일수 있다는 것이다. 그러므로 고개를 숙여 인사하는 것은 강사가 청중을 진심으로 존중한다는 메시지를 전달하며, 인사를 통해 청중의 마음의 문을 여는 훌륭한 접근법이다. 이로 인해 청중은 강의에 더욱 적극적으로 참여하게 된다. 그러므로 강사의 진심어린 인사와 더불어 그 친절하고 따뜻한 태도는 청강자들의 몰입을 높이는데 긍정적인 영향을 미친다는 연구 결과가 있다. 인간관계를 개선하고 긍정적인 상호작용을 촉진하며, 청강자들의 강의에 더 몰입할 수 있도록 도와준다. 헝가리 심리학자 미하이 칙센트미하이는 몰입했을 때의 느낌을 '물 흐르는 것처럼 편안한 느낌', '하늘을 날아가는 자유로운 느낌'이라고 하였다. 청중을 존중하고 따뜻하게 대하는 강사의 태도는 청중이 편안함을 느끼게 하는 자연스러운 몰입을 이끈다고 할 수 있다.

청강자를 존중하는 강사의 태도는 청강자의 뇌에 긍정적인 영향을 줄 수 있다고 한다. 연구에 따르면 청강자의 스트레스를 줄이고, 긍정적인 감정을 유발하며, 학습 동기와 몰입도를 높이는데 도움이 된다. 이러한 긍정적인 감정은 뇌의 보상 시스템을 활성화시켜 학습 효율성을 높일 수 있다. 청강자의 뇌에서 옥시토신과 같은 긍정적인 신경전달물질의 분비를 촉진할수 있으며, 옥시토신은 신뢰와 사회적 유대감을 형성하는 데 중요한 역할을 하며 학습 환경에서 긍정적인 상호작용을 촉진한다. 이와 같은 결과는 인사뿐만 아니라 강사의 따뜻하고 친절한 태도가 청강자의 뇌에 긍정적인 영향을 미쳐 학습 몰입도를 높이는 데 중요한 역할을 한다는 것을 시사한다.

### ▲ 강의를 시작하기 전, 인사를 통해 강의를 몰입하게 만드는 효과

강의를 시작하기 전에 인사를 하는 것은 학습자와의 연결을 강화하고, 강의에 대한 몰입도를 높이는데 큰 도움이 될 수 있다. 간단한 인사와 웃음은 학습자가 강사에 대한 친밀감을 느끼게 하고 이를 통해 학습 환경이 더 긍정적이고 포용적으로 느껴지게 만든다.

강의를 시작하기 전에 인사를 통해 얻을 수 있는 효과
- 신뢰 형성: 학습자들은 강사가 친절한 인상을 받을때 더 신뢰감을 느끼게 된다.
- 주의 집중: 학습자들의 주의를 끌고, 강의를 들을 준비를 하게 만든다.
- 편안한 분위기 조성: 친근한 인사는 학습자들이 긴장을 풀고 더 편안한 마음으로 강의를 듣게 한다.
- 흥미 유발: 인사를 통해 강사의 개인적 경험이나 유머를 조금씩 공유하면 학습자들의 흥미를 높일 수 있다.

### ▲ 단숨에 마음의 빗장을 여는 인사는 몰입 + 재미 + 감동 + 무한 러브콜이다.

청강자는 다양한 대상으로 참여했지만 특히 실버대상으로 한 프로그램을 소개한다.
- 강의 시작 전: 마음의 문을 여는 인사

강사가 먼저 청중 한사람 한사람과 눈을 맞추고 고개 숙여 웃으며 밝게 인사한다.

예) "안녕하세요 ~ 반갑습니다. 안녕하세요 ~ 잘 오셨습니다. 안녕하세요~ 존경합니다."

- **강의 시작**: 감동을 주는 인간관계의 시작

  예) "먼저 인사부터 드리겠다." 고개숙여 천천히 정중하게 진심 어린 인사를 한다.

- **강사의 진솔한 자기 소개 인사 종류 사례**
  - 진진가(가짜를 찾아라, 그림으로 찾아라 ) 강사가 아닌 것을 찾아내기
  - 초성글자 퀴즈로 알아맞추기 (강사의 특징)
  - 별명 알아내기 퀴즈
  - 청강자 강의 피드백 가려진 문구 알아 맞추기

- **청강자 끼리 끼리 자기소개 인사**
  - 같은 색깔 잘라진 하트 완성하고 짝꿍되어 끼리 끼리 소개 인사하기
  - 앞글자, 귀글자 연결하여 완성하고 짝꿍되어 끼리 끼리 소개 인사하기

    예) 콩쥐.팥쥐 , 인어.공주 , 바람과함께 사라지다., 오즈의 마법사 , 부산 갈매기
  - 실버짝꿍 칭찬인사하기

    예) 칭찬판을 보고 짝꿍에 맞는 칭찬 고르기

    당신은 성실하고 친절한 분이에요  서로 칭찬하기

    예) 짝꿍과 손을 마주잡고

"이렇게 좋은 분이 짝꿍이 되어서 너무 좋아요."
"아무리 생각해도 너무 좋은 분이세요."

- **다함께 칭찬 인사하기**

  예) 양손 엄지척으로 최고야 최고, 정말 최고야!
  서로 마주보고 최고라고 외치는데 소리가 작으면 최고가 아니라고 인정하는 것,

- **바람 불어도 어떠한 어려움에도 지지않는 나의 인생 게임: 짝꿍 위로 격려하기**

  예) 상대의 몸을 톡 치며 손등 위에 있는 컵 쓰러 뜨리기
  패자는 승자에게 "잘하셨어요. 고생하셨어요."라고 말하고
  승자는 패자에게 "덕분에 잘할 수 있었어요. 고맙다."라고 말한다.

- **나만의 별 만들고 감사의 인사를 나누며 선물 교환하기**

  예) 색종이로 나만의 인생 별을 만들기, 반짝 반짝 별 흔들기
  "고마웠어요.", " 다음에 또 만나요.", 인사하며 인생 별 선물 교환하기

- **감사 인사 소감 나누기**

  감사는 긍정적인 감정과 뇌 좌측의 전전두피질이 활성화되어 스트레스 감소에 도움을 준다

  예) "오늘 올까 말까 했는데 참여하니 오기를 잘했구나 생각했다. 그래서 감사했다."
  라고 감사인사를 하면 다 닫고 모두가 박수 다섯 번을 친다.

- **감사인사**: 강의를 마치고 진심어린 감사의 마음을 담아 정중한 인사로 "존경합니다. 감사합니다."라고 마무리한다.

● 친절하고 따뜻한 태도로 가시는 청강자 분들께 인사를 드린다.

### ▲ 고정된 이미지에서 탈바꿈하며

초보 강사 시절 어느 고등학교 교실에 들어서는 순간 두 남학생이 서로 쳐다보며 주고 받는 말들이 큰 소리도 아닌데 또렷하게 들렸다. 지금도 생생하게 떠오른다. "저 강사 도덕 선생님 처럼 생기지 않았어? 재미 없겠다." 강의 시작 5분 전에 들은 말이었다. 나의 이미지는 재미없고 졸리운 도덕 선생님의 이미지라는 것을 그 학생들 덕분에 알게 되었다. 재미없을 거라는 편견의 이미지를 깨기 위해 재미와 몰입하는 강의가 되기 위해 실패를 벗삼아 '재미있으면서 마음이 따뜻한 강의'라는 피드백을 받고 있다.

어느 복지관에서 강의 시작 전, 단상에 오르며 진심을 담은 정중한 인사만 드렸는데 어느 분이 박수를 치기 시작하더니, 곳곳에서 박수가 나왔다. 강의도 시작도 안 했는데 단숨에 마음에 빗장을 여셨다. 강의를 마치며 다시 진심어린 경청 감사의 인사를 드렸다. 우뢰와 같은 박수와 함성이 내 귀를 의심했다. 담당자도 이러한 적은 처음이다. 콘서트 장에 온것 같다고 했다.

초등 학생들에게도 진심어린 인사를 하고 있다. 어느 초등학생이 질문을 했다. "선생님은 왜 그렇게 인사하세요?" "여러분은 미래의 대한민국을 움직일 소중한 미래의 보배이기 때문이에요."라고 답을 하며 "불편한가요?" 했더니 "존중받는 느낌이고 자세도 바르게 해야겠다."는 생각을 했다고 했다. 군독서코칭을 6회로 진행했던 어느 부대의 한 용사는 6회를 모두 참석을 하며 소감을 남겼는데 첫회 강사님의 그 진심어린 인사가 신뢰가 가고 6회를 반드시 참석해야 겠다는 생각을 하게 했다며, 재미있으면서 가슴에 감동으로 잊지 못할 것 같다는 소감을 남겼다. 독일의 철학자 게오르크 헤겔은 "마음의 문을 여는 손잡이는 바깥쪽이 아닌 안쪽에 있다."라고 말했다. 청강자가 스스로 손잡이를 돌려 마음의 문을 열수 있도록 배려하고 존중해야 함을 잊어서는 안 된다. 마음의 문을 여는 강사의 인사와 태도야말로 청중의 몰입도에 기여한다.

내용 상세 보기 ▶

**이형모**
(치매예방, 레크레이션 강사)

# 기술 23:
# 원스텝 투스텝 신나는 라인댄스 여행

라인댄스는 19세기 미국 서부 개척자들이 유럽의 민속춤을 들여오면서, 컨트리 댄스와 혼합되기 시작했다. 미국 서부 카우보이들이 축제나 파티에서 추던 춤이 라인댄스로 발전했다.

라인댄스는 여러 사람이 가로 또는 세로로 줄을 맞추어 같은 동작을 반복하며 추는 춤이다. 특정 파트너 없이 혼자서도 출 수 있으며 다양한 음악 장르에 맞춰지는 것이 특징이다.

### ▲ 라인댄스의 특징

파트너 없이 추는 단체 춤으로 기존의 커플 댄스와 달리 혼자서도 출 수 있어 누구나 쉽게 참여할 수 있다. 반복적인 동작과 패턴으로 일정한 스텝을 반복하기 때문에 배우기 쉽고 동작을 익히면 음악에 맞춰 자연스럽게 춤을 출 수 있다. 컨트리 음악을 중심으로 발전했지만, 현재는 팝, 라틴, 힙합, 디스코 등 여러 장르의 음악과 결합되어 취지고 있다.

전 연령층이 즐길 수 있는 춤으로 남녀노소 누구나 쉽게 배울 수 있으며 인지적, 신체적, 사회적 참여 건강에도 좋은 영향을 주어 운동 및 취미 활동 스트레스 해소 치매 예방 활동으로 인기가 많다.

### ▲ 라인댄스가 건강과 치매 예방에 좋은 과학적 근거

라인댄스는 단순한 춤이 아니라 신체 건강, 인지 기능, 사회성, 정서적 안정 모두 향상되는 운동이다. 특히 치매 예방과 관련하여 여러 연구에서 효과가 입증되었다.

#### 신체 건강에 미치는 긍정적 효과

라인댄스는 유산소 운동으로 심장과 폐 기능을 강화하고 규칙적으로 춤을 추며 혈압을 낮추고 심혈관 질환 위험을 줄일 수 있다. 다양한 스텝과 방향 전환을 통해 하체 근력을 강화하고 균형 감각을 향상한다. 라인댄스는 낙상 위험을 줄이는 데 도움을 줄 수 있다는 연구 결과도 있다. 무리한

점프나 관절에 부담이 적으며 관절염 예방과 관리에 예방된다. 라인댄스는 당뇨 예방 및 체지방을 줄이는 데 효과적이다.

**치매 예방과 뇌 건강에 미치는 효과**

라인댄스는 새로운 안무를 배우고 기억해야 하는 과정이 뇌를 계속 자극하고 해마(기억을 담당하는 뇌 부위)와 전두엽(사고력 문제 해결을 담당하는 뇌)의 기능을 향상하는 것으로 알려졌다.

뉴잉글랜드 의학저널(2003) 연구에 의하면 댄스 활동이 알츠하이머병 발병 위험률 76% 감소하는 것으로 나타났다. 이는 다른 신체활동 걷기, 수영보다 더 높은 효과를 보인다. 콜롬비아 대학 연구(2017)에서도 75세 이상 노인을 대상으로 한 연구에서 라인댄스를 포함한 춤이 뇌의 신경 가소성을 증가시켜 치매 예방에 효과적임을 확인된다.

### ▲ 라인댄스의 기본 구성

- **스텝**(step): 한발을 옆으로 내디딘 후 다른 한발을 들어서 살짝 터치
  예) 오른발 오른쪽으로 옮겨놓고- 왼발을 들어서 오른발 옆에 살짝 터치
- **리듬**(rhythm): 음악의 박자에 맞춰 움직이는 패턴
- **턴**(turn): 방향을 바꿀 때 회전 동작
- **순서**(sequence): 정해진 순서대로 동작을 반복 구조의 의미다.
- **순서**(sequence) **종류**: 라인댄스에서 순서는 월(wall)의 개념과 함께 사

용한다. 벽(면)이란 뜻이다.

- **1월**(one wall): 한 방향을 계속 바라보며 춤을 춤-예) 같은 방향으로 계속 스텝 반복
- **2월**(Two wall): 앞과 뒤, 두 방향을 번갈아 가며 춤을 춤-예) 1월(one wall)을 마친후 180도 회전하여 반대 방향에서 춤을 춤
- **4월**(Four wall): 1월(one wall)이 끝날 때마다 90도 회전하여 네방향을 차례로 바라보며 춤을 춤

▲  **라인댄스 순서 배우는 요령**

- **카운트**(박자)**를 먼저 익힌다**: 4빅자, 8박자 카운트 단위로 구분한다.
- **스텝 조합 이해하기**: 기본 스텝이 어떻게 연결되는지 이해한다.
- **턴**(회전) **연습하기**: 순서가 진행될 때 방향을 어떻게 바꾸는지 이해한다.
- **음악과 함께 연습하기**: 리듬과 함께 반복 분습법 학습법에 따라 연습한다.

라인댄스에서 많이 사용하는 스텝 과 종류: 라인댄스에서 사용되는 스텝은 기본 스텝, 이동 스텝, 회전 스텝 등으로 나뉜다.

- **스텝 터치**(Step Touch): 한쪽 발을 내디딘 후 반대 발로 가볍게 터치
- **그래프 바인 스텝**(Grapevine Step): 발을 교차하며 옆으로 이동
- **킥 스텝**(Kick Step): 발을 차고 볼 부분으로 짚은 후 중심 이동
- **록 스텝**(Rock Step): 앞으로 내딛고 다시 원래 자리로 돌아오는 동작

- **셔틀스텝**(Shuffle Step): 빠르게 세 번 움직이며 이동
- **재즈박스**(Jazz Box): 네 박자로 사각형을 그리며 이동
- **브이 스텝**(V-Step): 브이자 모양을 그리며 이동하는 동작
- **케이 스텝**(K-Step): 케이자 모양을 그리며 이동하는 동작
- **턴**(Turn): 90도, 180도, 360도 회전

**라인댄스 효과적인 지도법-반복 분수법**

예) A-B-C-D 동작이 있다고 가정하고

1단계: A 동작, 을 3회 반복 연습한다.

2단계: B 동작, 을 3회 반복 연습한다.

3단계: A 동작, B 동작을 연결하여 3회 반복 연습한다.

4단계: C 동작, 을 3회 반복 연습한다.

5단계: A 동작, B 동작, C 동작을 연결하여 3회 반복 연습한다.

6단계: D 동작, 을 3회 반복 연습한다.

7단계: A 동작, B 동작, C 동작, D 동작을 연결하여 3회 반복 연습한다.

▲ **라인댄스 지도 시 유의 사항**

첫째, 스텝을 숙지시키고 다음은 손동작, 몸동작이 익숙해지면 시선 처리 순서로 지도한다.

둘째, 라인댄스 효과적인 지도법은 반복 분습법이라는 점을 고려하여 차분하게 지도한다.

셋째, 참가자들의 수준에 맞게 설명하고 밝은 표정으로 지도한다.

넷째, 지도하기 전에 참가자 중에 몸이 불편한 사람이 없는지 확인한다.
다섯째, 스텝과 동작이 미숙한 사람을 최대한 존중하여 지도한다.

### ▲ 실전에서 라인댄스 한작품 10분 완성 지도법

3개 스텝 동작(A 스텝- B 스텝- C 스텝) 선정하여 구성 계획한다.
A 스텝 동작을 반복 분습법으로 연습 후 한 곡 노래 리듬에 맞춰 노래 종료까지 A 스텝 동작만 연습한다. B 스텝 동작을 반복 분습법으로 연습 후 한 곡 노래 리듬에 맞춰 노래 종료까지 B 스텝 동작만 연습한다. A 스텝 동작, B 스텝 동작 연결해서 한곡 노래 리듬에 맞춰 노래 종료까지 A 스텝 동작, B 스텝 동작만 연습한다.
C 스텝 동작을 반복 분습법으로 연습 후 한 곡 노래 리듬에 맞춰 노래 종료 까지 C 스텝 동작만 연습한다.
A 스텝 동작, B 스텝 동작, C 스텝 동작을 연결해서 한 곡 노래 리듬에 맞춰 노래 종료까지 A 스텝 동작, B 스텝동작, C 스텝 동작 연습한다.
위와 같은 방법으로 지도할 때 동작과 리듬감을 함께 학습되어 10분 이내로 라인댄스 한작품을 완성하게 되었다.

라인댄스는 치매 예방에 중요한 요소 중 하나는 사회적 교류이다. 단체로 배우고 함께 즐길 수 있는 활동으로 사회적 고립을 방지하고 정서적 건강을 향상한다. 라인댄스는 신체 건강뿐만 아니라 치매 예방과 뇌 기능 향상에 효과적인 운동이다. 춤을 통해 즐겁게 건강을 관리 할 수 있으며 노년기 인지 기능 저하를 지연할 수 있는 역할을 한다.

**임기정**
(온마음 소통리더)

# 기술 24:
# 게이머의 집중력으로 '사고하는 뇌'를 깨우다!

### 게임과 교육의 만남: 몰입하는 학습 환경을 위한 새로운 패러다임

"게임 할 때는 3시간이 금방 지나가는데, 수업 30분은 왜 이렇게 길게 느껴지죠?"라는 말은 오늘날 교육의 문제를 명확히 보여준다. 전통적인 수업 방식은 강사가 혼자서 계속 설명하는 방식이라, 학습자가 스스로 궁금해하고 찾아볼 기회가 별로 없다.

같은 내용이 반복되고 수업이 재미없으면 학습자는 집중하기 어렵고,

창의적으로 생각할 기회도 점점 줄어든다. 하지만 게임은 완전히 다르다. 계속해서 새로운 미션이 나오고, 내가 뭔가를 하면 바로 결과가 나온다. 실패해도 '아, 다음엔 이렇게 해봐야지.' 하면서 다시 도전하게 되고, 성공하면 뿌듯해서 계속하고 싶어진다.

이런 게임의 좋은 점들을 수업에 가져다 쓰면, 학습자는 그냥 듣기만 하는 게 아니라 스스로 문제를 해결하는 사람이 될 수 있다. 수업을 게임처럼 만들면 공부가 재미있는 '미션'이 되고, 학습자는 바로바로 피드백을 받으면서 집중도 하고 성취감도 느낄 수 있다.

이제 강사가 생각해야 할 건 '어떻게 가르칠까?'가 아니라 '어떻게 하면 학습자가 스스로 배우고 싶어할까?'다. 지금까지 수업은 대부분 강사의 설명으로 끝나는 경우가 많았고, 학습자들이 직접 해보거나 참여할 기회가 부족해서 재미를 느끼기 어려웠다. 하지만 게임은 분명한 목표가 있고, 적당히 어려운 도전이 있고, 내가 뭔가 하면 바로 결과를 보여준다. 그래서 학습자는 스스로 문제를 해결하면서 깊이 있는 경험을 할 수 있게 해준다.

앞으로 교육이 나아가야 할 방향은 명확하다. 게임이 가진 강한 몰입감, 도전 정신, 계속 동기부여 해주는 시스템을 교실로 가져와서, 수업을 창의성과 성취감이 넘치는 배움의 공간으로 만드는 것이다. 이것이 바로 미래 교육이 추구해야 할 게이미피케이션의 진정한 가치다.

### 게이미피케이션: 게임의 매력을 교육에 접목한 혁신적 접근법

게임의 매력을 교육에 접목하는 게이미피케이션(Gamification)은 단순한 수업 기법 하나가 아니라, 배우는 방식 자체를 바꿔버리는 혁신적인 교육 방법이다. 게임의 규칙이나 전략, 보상 시스템을 수업에 적용해서 학습자가 마치 게임하듯 자연스럽게 몰입할 수 있게 만드는 방식이다.

게이미피케이션을 체계적으로 정리한 대표적인 이론이 바로 유카이 초(Yu-kai Chou)의 '옥탈리시스(Octalysis)' 모델이다. 유카이 초는 사람들이 게임에 빠져드는 8가지 핵심 요소를 찾아냈는데, 우리가 게임에 몰입하는 이유는 단순히 보상 때문만이 아니라 도전, 소속감, 경쟁, 두려움 같이 긍정적이고 부정적인 감정들이 복합적으로 작용하기 때문이라고 설명한다. 이런 감정의 교차가 학습 상황에서도 몰입을 만들어 내는 강력한 힘이 되는 것이다.

몰입이라는 개념은 심리학자 미하이 칙센트미하이(Mihaly Csikszentmihalyi)가 제시한 '플로우(Flow)' 이론과도 연결된다. 플로우는 어떤 활동에 완전히 빠져들어서 시간 가는 줄도 모르고 주변도 잊은 채 깊이 집중하는 상태를 말한다. 이때 사람은 최고의 창의력과 실력을 발휘할 수 있고, 학습자에게도 이상적인 상태가 된다.

뇌과학적으로도 이런 몰입의 효과는 입증되어 있다. 뇌과학자 아른 디트리히(Arne Dietrich)의 '일시적 전전두엽 기능 저하(Transient Hypofrontality)' 이론에 따르면, 몰입 상태에서는 지나친 자기 검열이 줄어들고 직감적이고 창의적인 사고가 활발해진다고 한다. 최신 fMRI 연구에서도 몰입할 때 도파민이 많이 나오고 보상 시스템이 활발하게 돌아가서 학습 동기와 즐거움이 동시에 늘어난다는 걸 보여준다.

인지심리학 연구도 게이미피케이션의 학습 효과를 뒷받침해 준다. 게임 속에서 순간적으로 판단하고 즉각적인 피드백을 받는 것이 학습자의

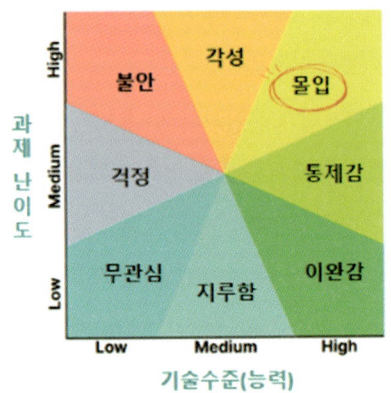

유카이 초(Yu-kai Chou)의 '옥탈리시스(Octalysis)'

집중력과 반응 속도를 높이고, 실제 문제를 해결할 때도 더 좋은 성과를 낸다는 게 밝혀졌다.

결국, 게임의 몰입 구조와 감정적 자극을 교육에 체계적으로 도입하면 학습자는 그냥 지식을 받아들이기만 하는 수동적인 존재가 아니라 능동적이고 창의적으로 문제를 해결하는 사람으로 성장하게 된다. 학습이 더 이상 '해야 할 일'이 아니라 '하고 싶은 도전'이 되고, 이런 변화를 통해 교육의 본질적인 목적도 효과적으로 달성할 수 있다.

이것이 바로 게이미피케이션이 오늘날 교육에 주는 진정한 가치다.

**효과적인 수업을 위한 게이미케이션 접근법 수업을 게임처럼 재미있게 만들려면 몇 가지 핵심적인 요소가 필요하다.**

첫째, 수업이 시작되자마자 '오늘의 미션'을 제시하는 게 중요하다. 학습 목표를 명확하게 알려주는 건데, 마치 게임에서 새로운 스테이지가 열리는 것처럼 도전 과제를 던져주면 학습자는 자연스럽게 "오, 뭔가 재미있을 것 같은데?" 하면서 동기를 갖게 된다.

둘째, 학습자가 몰입할 수 있는 환경을 만들어야 한다. 강의실에서 시각적이나 청각적으로 방해되는 것들을 최대한 줄이고, 특히 스마트폰이나 SNS 사용에 대해서는 학습자와 함께 명확한 룰을 정해두면 집중도 높은 학습 공간을 만들 수 있다.

셋째, 수업하는 동안에는 바로바로 피드백을 주는 게 효과적이다. 짧은 퀴즈나 토론, 실시간으로 반응하는 활동들을 넣고, 학습자가 참여하거나 창의적인 아이디어를 내면 포인트, 배지, 칭찬 스티커 같은 즉각적인 보상을 줘서 성취감과 학습 의욕을 북돋워 줄 수 있다.

넷째, 수업이 끝난 후에는 게임에서 플레이 기록을 확인하는 것처럼 학습 경험을 정리하는 시간이 필요하다. 미션을 어떻게 수행했는지, 어떤 느낌이었는지 기록하게 하고, 소그룹으로 나눠서 서로 경험을 나누다 보면 다음 수업에 대한 기대감도 생기고 스스로를 돌아볼 기회도 생긴다.

이런 방법은 학습자가 더 이상 그냥 앉아서 지식을 받아먹기만 하는 게 아니라, 문제를 해결하고 결과를 만들어 내는 적극적이고 창의적인 학습자로 변화시킨다. 그 과정에서 창의적 사고가 깨어나고, 미래를 위한 새로운 아이디어를 발견하는 경험이 자연스럽게 일어난다.

결국, 수업을 게임처럼 설계하는 게이미피케이션은 학습에 대한 몰입도와 참여도를 높이는 전략이자, 학습자의 사고력과 자기주도성을 키워주는 혁신적인 교육 방법이다.

### 실제 적용 사례: 실패에서 배운 성공의 비밀

'게임으로 익히는 미래 기술, 창직의 세계'라는 청소년 대상 수업은 게이미피케이션이 실제 수업에서 어떤 변화를 만들 수 있는지 보여준 좋은 사례다. 똑같은 내용을 가르치더라도 수업을 어떻게 준비하고 어떻게 진행하느냐에 따라 학습 효과가 완전히 달라질 수 있다는 걸 확실히 보여준다.

초기 시도에서는 여러 가지 시행착오가 있었다.

'오늘의 미션'이라는 틀은 만들었지만, 학습 목표가 애매하고 뭘 어떻게 해야 하는지 구체적으로 알려주지 않아서 학습자가 자기 아이디어를 어떻게 말해야 할지 혼란스러워했다. 교실 환경도 집중하기 어려운 게 많았고, 스마트폰 쓰는 것이나 시끄러운 소리 때문에 집중이 잘 안됐다. 강사도 긍정적인 반응을 충분히 해주지 않아 학습자의 집중도가 크게 떨어졌다. 그래서 수업에 참여하는 학습자는 40%뿐이었고, 만족도는 5점 만점에 3.2점, 학습자 한 명이 내는 창의적 아이디어는 평균 1.2개 정도였다.

이런 문제점들 때문에 수업을 완전히 새롭게 바꾸어 보았다.

수업을 시작할 때 구체적으로 "오늘 우리가 뭘 할 건지" 분명히 말해주고, "오늘은 미래 기술을 사용한 새로운 직업 아이디어를 함께 찾아보자."처럼 명확한 도전을 제시했다. 혼자 하는 활동과 몇 명씩 모여서 토론하는 시간을 적절히 섞어서 더 많은 학습자가 참여할 수 있게 했다. 집중할 수 있는 환경을 만들기 위해 시끄러운 소리를 막고 스마트폰 사용 규칙도 미리 정했다. 특히 학습자의 창의적인 시도에 바로바로 "좋은 아이디어야!", "정말 재미있는 생각이네!" 같은 긍정적인 반응을 보여주는 데 신경을 많이 썼다.

새롭게 바꾼 수업은 정말 좋은 결과를 가져왔다.

수업에 참여하는 학습자가 85% 늘어났고, 수업 만족도는 4.5점으로 높아졌다. 학습자가 낸 창의적 아이디어는 평균 3.1개로 이전보다 약 160%나 늘어났다. 수업 시간에 강사가 반응해 주는 횟수도 3배 이상 늘어나면서, 수업이 활기차고 서로 많이 소통하는 체험 위주의 공간으로 바뀌었다.

이 사례는 게이미피케이션이 그냥 재미만 주는 방법이 아니라, 공부에 집중하게 하고, 창의적으로 생각하게 하고, 적극적으로 참여하게 만드는 효과적인 수업 방법이라는 걸 실제로 보여준다. 강사가 학습자의 입장에서 생각하며, 수업을 준비하고 진행할 때 더 좋은 교육 효과를 낼 수 있다는 사실을 보여주는 사례이기도 하다.

### 게이미피케이션을 통한 능동적 학습: 실천 가이드

이제 교실에서도 우리의 '생각하는 뇌'를 활짝 깨워서 특별한 배움의 모험을 시작할 수 있다. 단순히 수업에 참여하는 것이 아니라, 수업을 게임처럼 재미있고 몰입할 수 있는 경험으로 바꾸는 방법이다.

강의가 시작되기 전에, 오늘 배울 내용의 목표를 내 말로 정리해 보자. 그리고 이것이 내 성장과 어떻게 연결되는지 생각해 보는 시간을 가져야 한다. 마치 게임에서 새로운 단계에 들어가기 전에 미션을 확인하는 것처럼, 오늘 배움의 방향과 목표를 스스로 정하는 중요한 준비 과정이다.

수업 시간에 만나는 문제들과 질문들을 단순한 활동이 아니라 창의력을 자극하는 특별한 도전 과제로 받아들여 보자. 수업 중에 떠오른 아이디어나 느낀 점들은 꼼꼼히 메모해 두어야 한다. 그 순간의 번뜩이는 생각들이 나중에 정말 소중한 배움의 보물이 될 수 있기 때문이다.

수업이 끝나면 오늘의 배움을 되돌아보는 시간을 갖자. 이때 중요한 것은 성취감, 새롭게 알게 된 것들, 더 보완하고 싶은 부분들을 솔직하게 기록하는 것이다. 이렇게 해서 나만의 학습 이야기를 만들어 가는 것이다. 이 기록은 단순히 복습하는 용도를 넘어서, 다음 수업에 대한 기대와 목표까지 만들어 주는 기반이 된다.

이런 학습 방법은 단순히 수업 기술만 바뀌는 것이 아니다. 전통적인 교실을 학습자가 주도하는 능동적인 배움의 공간으로 완전히 바꾸는 실천 방법이다. 각자가 가진 무한한 학습 능력을 깨우는 데 실제로 도움이 되며, 우리가 교육을 그냥 받기만 하는 사람이 아니라 스스로 설계하는 주인공으로 성장하도록 돕는 열쇠가 된다.

이런 방법은 교실에서도 게임처럼 몰입하고 즐거움을 느낄 수 있는 깊이 있는 학습 경험을 가능하게 한다. 기존의 수업 방식으로는 상상할 수 없었던 수준의 몰입감, 창의성, 자기주도성을 실현할 수 있는 새로운 차원의 교육 방법이다.

이제는 지식을 단순히 받아들이기만 하는 수동적인 학습자가 아니라, 자신만의 배움과 의미를 만들어 내는 능동적인 학습의 주체로서 여정을 시작할 때다.

내용 상세 보기 ▶

장두식
(치매예방 대표강사)

# 기술 25:
# 치매예방으로 마지막 건강한 삶을 누리자

우리나라는 벌써 2024년에 초고령사회에 진입하여 65세 이상 노인들이 전체 인구의 20%가 넘어섰고 노인들의 10%가 치매로 고생하는 노인들이다. 통계를 보면

1. 65세 이상 약 10%
2. 70세 이상 약 15%
3. 75세 이상 약 20%

4. 80세 이상 약 30%

이 통계는 지역, 성별, 생활습관 등에 따라 차이가 있을 수 있다.
최근에는 조기진단과 치료의 발전으로 치매관리가 개선되고 있지만 더 정확한 최신 통계는 관련 기관의 자료를 참고해야 한다.

### ▲ 치매의 정의

치매는 정상적으로 살아오던 사람이 여러 가지 원인으로 기억, 언어, 판단력 등의 인지기능이 떨어져 일상생활에 상당한 지장이 나타나는 상태를 말한다. 보통 나이가 들면서 사소한 기억들을 잊어버리는 경우가 종종 있는데, 이런 경우 치매가 아닐까 하는 걱정을 하게 된다. 여기서 건망증과 치매로 구분하는데 건망증은 보통 힌트를 주면 기억이 가능한 것이 특징이지만 그에 반해 치매는 힌트를 준다고 하더라도 기억을 해내지 못한다. 이는 뇌에서 기억등록이 되지 않기 때문에 발생하는데 쉽게 설명하면 건망증은 집의 출입 번호가 기억이 나지 않아서 못들어가지만 치매인 경우에는 내가 왜 여기 서있나 라고 하는 경우이다. 치매는 알츠하이머 치매와 뇌혈관질환과 관계되는 혈관성치매, 루이소체치매 등 여러 가지가 있다. 그리고 우리가 흔히 알고 있는 알츠하이머 치매의 원인은 뇌에 베타 아밀로이드라는 불필요한 단백질이 쌓이면서 뇌세포를 손상시키는 주요 원인으로 보고 있다.

알츠하이머병은 전체 치매의 50~70%를 자지하는 제일 흔한 치매 유형이다. 발병 후 점점 악화되는 퇴행성 질환의 성격을 보이는 것이 특징이다. 알츠하이머 치매는 조기 진단, 치료가 중요하다. 질환이 진행된 상태에서는 치료를 하더라도 큰 효과를 기대하기 어렵다. 반대로 빠르게 발견해 관리하면 질병 진행을 지연, 중단시킬 수 있어 호전 가능성이 커진다.

최근엔 치매 전 단계라고 할 수 있는 경도인지장애에 대한 관심이 증가하고 있다. 일상생활은 가능하지만 동일 연령대에 비해 인지 기능이 저하된 상태다. 경도인지장애는 치매 발병 위험이 10배~20배 더 높다, 경도인지장애도 치매와 같이 여러 가지 원인에 의해 발생한다. 그중 기억력 상실이 주요 증상인 기억 상실형 경도인지장애는 알츠하이머병으로 진행 가능성이 높다.

▲ **치매의 증상**

1) 반복적인 질문이나 행동~ 기억력 저하, 언어문제, 판단력 저하
2) 음식 섭취 관련 문제 행동~ 이식 증상, 거식증
3) 수면 장애~야간 섬망, 환각 증상 등
4) 배회~ 아무런 계획 없이 돌아다니는 행위
5) 의심, 망상, 환각
6) 파괴적 행동~ 난폭한 행동, 성격 변화
7) 석양증후군~ 우울 증상
8) 부적절한 성적 행동
9) 사회적 회피~ 혼자 있으려는 것

10) 시각적, 공간적 문제

▲ **좋은 습관을 가지려면**

1) 규칙적인 운동~ 걷기, 수영, 자전거타기, 요가 등
2) 균형 잡힌 식사~ 건강한 식단
3) 정신적 자극~ 독서, 악기연주. 외국어 배우기 등
4) 사회적 활동~ 가족, 친구, 동호회 활동 등
5) 충분한 수면
6) 금연 및 음주조절
7) 정기적인 건강검진
8) 근감소증 예방

일교차가 커지는 계절에는 근육 유연성이 떨어진다. 관절 부근의 혈관 인대가 수축해 몸이 전반적으로 뻣뻣하게 굳기도 한다. 노년층은 이 시기에 특히 낙상 사고를 조심해야 한다. 나이 들어 낙상 사고를 당하면 젊을 때보다 크게 다치고, 회복도 잘 되지 않는다. 단순 찰과상에 그치지 않고 고관절 등 뼈가 부러지거나 심하면 목숨을 잃기도 한다. 노년기가 되기 전부터 운동과 단백질을 챙기는 등 낙상 사고 예방에 나서야 한다.

낙상 사고 예방은 일상에서 생활화돼야 한다. 야외활동을 할 때만 예외적으로 조심할 게 아니다. 근육과 뼈가 약해진 고령자는 집에서 생활하다가도 사고를 당한다.

낙상사고는 주택에서 많이 발생하는데 욕실 바닥에서 미끄러지거나 침대에서 떨어지는 사례가 많았다. 가장 안전하다고 생각한 집안이 오히려 가장 위험한 셈이다.

50~60대부터 대비를 시작하는 게 좋다. 근육을 기르는 게 핵심이다. 근육은 사고를 당했을 때 완충 작용을 하는 보호막 역할을 한다. 전신 건강의 기초를 다지는 역할도 한다. 근육이 심하게 부족한 상태를 일컫는 근감소증이 되면 낙상뿐 아니라 치매, 암 사망 위험이 커진다는 연구가 있다.

### ▲ 치매 예방 전도사로 나서게 된 이유

외출하면 문득 '가스 불은 잘 껐는지' 혹은 '창문은 잘 닫았는지' 등 도통 기억이 잘 안 날때가 있다. 또 하고 싶은 말이나 표현이 금방 떠오르지 않는 순간도 있다. 이처럼 '깜박깜박', '가물가물', '긴가민가' 할 때면 불현 듯 건망증 혹은 치매가 걱정된다. 그러나 치매와 건망증은 다르다. 건망증은 자주 잊어버리는 증상이지 병은 아니다. 하지만 치매는 뇌의 퇴행성 변화로 인해 유발되는 질병이다.

통계에 따르면 우리나라 65세 이상 가운데 7명 중 1명이 치매 또는 경도인지장애 환자다. 치매 전 단계인 경도인지장애는 기억력과 인지 기능에 저하가 나타나지만, 아직 치매는 아닌 상태이다. 경도인지장애의 약 10%는 1년 뒤 치매 상태에 이른다고 한다. 이렇듯 치매 환자는 생각보다 많으며 치매 또한 걸릴 확률이 높은 질병이다.

우리나라 국민의 기대 수명이 83.5세라고 했을 때 5명 중 1명꼴이 치매에 걸리는 셈이다. 치매의 대표적인 초기 증상은 기억력 장애이다. 인지력과 판단력이 함께 저하된다는 점에서 단순 건망증과 차이가 있다. 따라서 나이 들수록 기억력과 인지력을 함께 개선하기 위해 노력해야 한다.

내 경우는 요양보호사로 수 년간 요양원 근무하면서 치매 어르신들을 접했다. 정말 비참한 광경과 믿기 어려운 행동을 보고 치매 예방 전도사로 활동하면서 복지관, 주야간보호센터. 문화센터, 요양원 등에서 치매에 대한 경각심을 이야기하고 치매예방은 하루아침에 이루어지는 것이 아니라 작은 습관들이 모여 큰 차이로 만든다. 당장 오늘부터 시작해야 한다. 건강한 뇌와 행복한 삶을 위해 우리 모두 노력해야 한다.

지금은 100세 시대를 넘어 120세 시대를 바라보는 요즘 누구나 건강하게 삶을 마무리하는 데 일조하기 위해 오늘도 공부하고 뛰어다니며 치매 예방을 알리고 있다.

# 기술 26:
## 메모의 기술_효과적인 기록 방법과 활용법

▲ 학생들이 수업 중 메모를 하지 않는 이유는?

학생들이 메모를 안하는 주요 원인은 다음과 같다.

- **시간과 노력**: 일부 학생들은 메모를 작성하는 것이 시간과 노력을 필요로 한다고 생각하며, 수업 중에 빠르게 진행되는 내용을 메모하는 것이 어렵다고 느낀다.

- **기술부족**: 일부 학생들은 효과적인 메모 작성 방법을 배우지 못했거나, 메모를 작성하는 데 필요한 기술을 익히지 못했다.
- **기억력 의존**: 일부 학생들은 자신의 기억력에 지나치게 의존하여 메모를 작성하지 않는다.
- **흥미부족**: 수업 내용에 대한 흥미가 부족하거나, 메모 작성이 지루하다고 생각한다.
- **해결책**: 강의를 '경쟁하는 게임'으로 바꾸면 집중도가 높아진다.

### ▲ '메모의 기술: 효과적인 기록 방법과 활용법'을 작성하게 된 이유

수업을 진행하다 보면 수업 내용이나 필요한 내용임에도 메모를 하지 않는 학생들이 많다. 이로인해 학생들은 단순히 수업만 듣고 끝나는 경우가 많은데 학습 집중도와 효과를 높이기 위해 효과적인 메모법에 대해서 알아보고자 한다.

- **기억력 향상**: 메모는 기억력을 향상시키는 데 도움이 된다. 메모를 작성하고 복습하면 내용을 더 잘 기억할 수 있다.
- **시간 관리**: 메모를 통해 중요한 내용을 강조하고, 학습 계획을 세울 수 있으며, 이를 통해 시간을 효율적으로 관리할 수 있다.
- **자기 주도적 학습**: 메모는 학생들이 스스로 학습 내용을 정리하고 이해하는 능력을 키울 수 있다.
- **집중력 향상**: 메모를 작성하는 과정에서 수업 내용에 집중하게 되어 학습에 더욱 몰입할 수 있다.

## ▲ 메모 습관을 기르는 방법

메모 습관을 기르는 것은 자기 계발과 성장에 큰 도움이 된다. 다음은 메모 습관을 기르는 방법에 대한 몇 가지 방법에 대해서 소개한다.

### 메모의 목적과 대상을 설정

메모의 목적과 대상을 설정하면, 메모 습관을 기르는 데 도움이 된다. 메모의 목적과 대상을 설정하면, 메모를 작성할 때 더욱 집중하고, 메모의 내용을 더욱 효과적으로 작성할 수 있다.

### 메모의 내용을 간결하고 명확하게 작성

메모의 내용을 간결하고 명확하게 작성하면, 메모 습관을 기르는 데 도움이 된다. 메모의 내용을 간결하고 명확하게 작성하면, 메모를 작성할 때 더욱 집중하고, 메모의 내용을 더욱 효과적으로 정리할 수 있다.

### 메모의 내용을 시각화하기

메모의 내용을 시각화하면, 메모 습관을 기르는 데 도움이 된다. 메모의 내용을 시각화하면, 메모를 작성할 때 더욱 창의적이고, 메모의 내용을 더욱 효과적으로 기억할 수 있다.

### 메모를 작성하는 시간과 장소를 정하기

메모를 작성하는 시간과 장소를 정하면, 메모 습관을 기르는 데 도움이 된다. 메모를 작성하는 시간과 장소를 정하면, 메모를 작성할 때 더욱 집중하고, 메모의 내용을 더욱 효과적으로 작성할 수 있다.

### 메모를 작성하는 도구와 방법을 선택하기

메모를 작성하는 도구와 방법을 선택하면, 메모 습관을 기르는 데 도움이 된다. 메모를 작성하는 도구와 방법을 선택하면, 메모를 작성할 때 더욱 편리하고, 메모의 내용을 더욱 효과적으로 작성할 수 있다.

### 메모를 작성하는 내용을 다양화하기

메모를 작성하는 내용을 다양화하면, 메모 습관을 기르는 데 도움이 된다. 메모를 작성하는 내용을 다양화하면, 메모를 작성할 때 더욱 창의적이고, 메모의 내용을 더욱 효과적으로 활용할 수 있다.

### ▲ '메모의 기술: 효과적인 기록 방법과 활용법'

### 핵심 내용 빠르게 요약하기

메모의 가장 중요한 목적 중 하나는 정보를 간결하고 명확하게 기록하는 것이다. 이를 위해 핵심 내용을 빠르게 요약하는 방법을 익히는 것이 중요하다.

- 제목과 소제목을 사용하여 주요 주제를 강조한다.
- 중요한 정보를 우선순위에 따라 번호를 매겨 기록한다.
- 문장을 짧게 유지하고, 주제와 목적에 집중한다.
- 핵심 단어와 구문을 강조하기 위해 볼드체, 이탤릭체 또는 밑줄을 사

용한다.
- 중복되거나 불필요한 정보를 제거하여 메모를 간결하게 만든다.

### 2) 시각적 메모 기법

시각적 메모는 정보를 시각적으로 표현하여 기억력을 향상시키고 이해를 돕는 효과적인 방법이다. 다음은 일반적으로 사용되는 시각적 메모 기법이다.

- **마인드 맵**: 중심 주제에서 시작해 관련된 아이디어와 개념을 방사형으로 구성한다. 이를 통해 주제와 관련된 개념 간의 관계를 시각적으로 파악할 수 있다.
- **차트**: 다양한 유형의 차트를 사용하여 데이터를 시각화한다. 예를 들어, 막대 그래프, 선 그래프, 파이 차트, 트리맵 등을 사용하여 정보를 더 명확하게 이해할 수 있다.
- **다이어그램**: 개념 간의 관계를 도식화하여 표현한다. 예를 들어, 계층 구조, 프로세스, 또는 시스템의 구성 요소를 시각화한다.

### 3) 디지털 도구와 앱 활용법

디지털 도구와 앱을 활용하면 메모 작성과 관리를 더욱 효율적이고 편리하게 할 수 있다. 다음은 유용한 디지털 도구와 앱의 예시다.

- **Evernote**: 다양한 유형의 메모를 작성하고, 태그, 노트북, 검색 기

능을 활용하여 효율적으로 관리할 수 있다.
- Google Keep: 간단하고 직관적인 인터페이스에서 메모를 작성하고, 이미지, 음성, 체크리스트 등을 추가할 수 있다.
- Microsoft OneNote: 디지털 노트북으로, 텍스트, 이미지, 링크, 음성 등을 포함하여 다양한 유형의 메모를 작성할 수 있다.
- Trello: 프로젝트 관리를 위한 도구로, 메모나 작업을 카드로 구성하고, 키워드, 마감일, 할 일 목록 등을 추가할 수 있다.
- MindNode: 마인드 맵을 작성하기 위한 앱으로, 직관적인 인터페이스와 다양한 테마를 제공하여 시각적 메모를 작성할 수 있다.

▲ **결론**

학생들이 수업에 집중하기 위해 핵심내용을 빠르게 요약하는 것+시각적 메모 기법+디지털 도구와 앱을 활용한 방법을 통해 창의적인 사고방식과 이해력 향상에 도움이 되어 학습에 더 집중할 수 있다.

내용 상세 보기 ▶

# 기술 27: CS 퍼스널 컬러 완전 정복! 퍼스널 컬러 교육 & 출강 가이드

**정옥전**
(CS퍼스널 컨설턴트)

# 기술 27:
# CS 퍼스널 컬러 완전 정복!
# 퍼스널 컬러 교육 & 출강 가이드

### ▲ 서론: 퍼스널컬러와 CS의 융합

퍼스널컬러는 단순히 어울리는 색을 찾는 것이 아니라, 고객의 직업, 업종, 브랜드 이미지, 그리고 원하는 목표에 맞춰 컬러를 전략적으로 활용하는 것이다. 그러나 많은 퍼스널컬러 교육이 이론 중심으로 진행되어 실전에서 바로 적용하기 어려운 경우가 많다.

CS 퍼스널 컨설턴트 자격증은 이러한 한계를 극복하고, 퍼스널컬러를 고객 중심으로 전달하는 실전형 컨설턴트를 양성하는 과정이다. 퍼스널컬러 컨설팅은 단순한 컬러 매칭이 아니라, 고객과의 교감과 이해를 바탕으로 한 맞춤형 이미지 컨설팅이다. 고객이 원하는 이미지를 실현할 수 있도록 돕는 것이 중요하며, 이는 고객과의 신뢰 형성으로 이어진다. 이를 통해 CS 퍼스널컨설턴트는 다양한 산업군에서 퍼스널컬러를 실무에 적용하고, 기업 및 개인 고객에게 차별화된 솔루션을 제공할 수 있다.

### ▲ CS 퍼스널컬러 교육의 필요성

실전 활용의 어려움

퍼스널컬러 자격증을 취득한 후에도, 실제 고객과의 컨설팅에서 바로 적용하기 어려운 경우가 많다. 이는 단순히 어울리는 색을 찾는 것만으로는 충분하지 않기 때문이다. 고객의 직무, 업종, 브랜드 이미지, 원하는 목표에 맞춘 컬러 활용법을 전달해야 하며, 이론과 실무를 연결하는 실전 코칭 능력이 필요하다. 또한, 고객이 쉽게 이해하고 적용할 수 있도록 컨설팅하는 방법을 익혀야 한다.

그것이 바로 'CS 퍼스널 컨설턴트' 자격증이다.

CS 퍼스널 컨설턴트 자격증이란?

CS 퍼스널 컨설턴트 자격증은 퍼스널 컬러와 고객 서비스(CS)를 융합하여 실전에서 바로 활용할 수 있도록 설계된 전문가 과정이다. 단순한 퍼스널 컬러 진단을 넘어서, 고객 맞춤형 컬러 컨설팅을 제공하고, 실전에서 적용할 수 있는 기술을 익히며, 출강까지 지원받을 수 있다.

###  CS 퍼스널 컨설턴트의 역할과 적용 분야

**CS 퍼스널 컨설턴트가 하는 일**

CS 퍼스널 컨설턴트는 퍼스널컬러 진단 및 고객 맞춤형 컬러 제안을 수행하며, 고객의 직무, 업종, 브랜드 이미지에 맞춘 컬러 활용법을 컨설팅한다. 또한, 고객 서비스(CS)와 컬러 컨설팅을 접목하여 실무에 적용하고, 기업, 교육기관, 개인 대상의 컬러 및 이미지 컨설팅을 제공하는 역할을 한다. 더불어, 출강 지원을 통해 실전 경험을 쌓고 바로 현업에서 활동할 수 있는 기회를 제공한다.

**활용 분야**

- **패션업계 마케팅**: 브랜드 이미지와 컬러 마케팅 전략 개발
- **메이크업 아티스트**: 고객의 퍼스널컬러에 맞춘 메이크업 솔루션 제공
- **기업 CS 교육**: 고객 응대 직원의 퍼스널컬러 및 이미지 컨설팅
- **서비스업**(백화점·호텔·항공사·병원 등): 브랜드 컬러와 직원 이미지 연계
- **영업직**(보험·부동산·B2B 세일즈 등): 신뢰감 있는 컬러 활용법
- **강사·컨설턴트·CEO**: 발표 시 집중도를 높이는 컬러 적용
- **개인 컨설팅**: 퍼스널컬러를 통한 자기 표현 및 이미지 개선
- **재취업을 원하는 중장년층**: 면접 및 직장 내 이미지 개선을 위한 컬러 코칭

### ▲ CS 퍼스널컬러 교육 & 출강 가이드

CS 퍼스널 컨설턴트 과정은 기본 이론 학습, 실전 컨설팅 트레이닝, 출강 및 실무 적용 지원으로 구성되어 있다.

먼저, 기본 이론 학습에서는 퍼스널컬러의 개념과 3초 진단법을 익히고, 고객 서비스(CS)와 컬러 컨설팅의 관계를 이해하며, 다양한 업종에 맞는 컬러 솔루션을 학습한다.

이어지는 실전 컨설팅 트레이닝에서는 고객 응대 실습을 통해 컬러 활용법을 적용하는 방법을 익히고, 브랜드 아이덴티티에 맞춘 컬러 제안을 수행하며, 실무 사례를 분석하고 피드백을 받는다. 또한, 퍼스널컬러를 활용한 메이크업 기법 실습과 최신 뷰티 트렌드를 경험하는 메이크업 실습 과정 & 올리브영 투어도 포함된다.

마지막으로, 출강 및 실무 적용 지원을 통해 기업 교육과 출강 기회를 제공하며, 실제 컨설팅 실습과 피드백을 통해 실력을 다질 수 있도록 돕는다. 또한, 강의 구성법과 퍼스널컬러 컨설팅 실전 코칭을 통해 강사로서의 역량을 강화할 수 있다.

이 과정을 통해 CS 퍼스널컨설턴트는 실전에서 바로 적용할 수 있는 전문 컨설팅 스킬을 갖추고, 다양한 분야에서 활동할 수 있는 기회를 얻을 수 있다.

### ▲ 이런 분들에게 추천한다!

이 과정은 퍼스널컬러 전문가로 활동하고 싶지만 실전 적용이 어려운 분들에게 적합하며, CS 및 서비스 업계에서 차별화된 경쟁력을 갖추고 싶은 분들에게도 도움이 된다. 또한, 퍼스널컬러 진단 후 고객 중심의 맞춤형 컨설팅을 제공하고 싶은 분이나, 기업 교육, 컨설팅, 강의 등 다양한 분야에서 활동하고자 하는 분들에게 유용한 과정이다.

자격을 취득한 후 출강 지원을 통해 실무 경험을 쌓고 싶은 분뿐만 아니라, 재취업을 준비하며 직장 내 이미지 개선과 퍼스널컬러 활용을 원하는 중장년층에게도 큰 도움이 될 것이다. 더불어, 실전 메이크업 스킬과 뷰티 트렌드를 익히고 싶은 분들에게도 최적화된 교육 과정이다.

이 교육을 통해 퍼스널컬러를 실전에서 적용하는 컨설턴트로 성장하고, 다양한 실무 경험을 통해 전문성을 더욱 강화할 수 있다.

### ▲ 결론: 고객 중심 퍼스널컬러 전문가로 성장하자!

퍼스널컬러는 고객의 직업, 업종, 브랜드 이미지, 그리고 원하는 목표에 맞춰 컬러를 적용하는 것이 핵심이다. CS 퍼스널컬러는 이러한 개념을 바탕으로 고객 서비스(CS)와 퍼스널컬러 컨설팅을 융합하여, 실전에서 즉시 활용할 수 있는 맞춤형 교육과 출강 기회를 제공한다.

CS 퍼스널 컨설턴트는 고객이 컬러를 통해 더 나은 인상을 구축하고, 신뢰감을 형성하며, 원하는 이미지를 효과적으로 표현할 수 있도록 돕는 역할을 한다. 이를 위해 실전 교육을 강화하고, 출강을 통해 현장에서 직접 경험을 쌓으며 전문가로 성장할 수 있도록 지원한다.

　퍼스널컬러 전문가로서 성공하기 위해서는 이론적 지식뿐만 아니라 실전 적용 능력, 고객 맞춤형 컨설팅 스킬, 그리고 지속적인 경험과 피드백이 필수적이다. CS 퍼스널컬러 교육 & 출강 가이드를 통해, 실무에서 바로 활용할 수 있는 전략을 익히고, 현장에서 효과적으로 적용하여 자신만의 차별화된 경쟁력을 갖추자!
　CS 퍼스널컬러 완전정복! 지금부터 실전 전문가로 도약하자!

내용 상세 보기 ▶

조경순
(브레인피트니스 디렉터)

# 기술 28:
# 브레인 운동으로 뇌를 반짝반짝

▲ **문제 정의: "뇌 건강 운동으로 뇌를 단련하는 문제"**

120세 시대에 여러분들은 행복하십니까? 뇌를 관리하는 게 은퇴 준비보다 중요하다고 봅니다.

인생의 후반전을 준비하는 지혜로운 방법은 뇌 건강관리이다. 뇌는 우리가 숨 쉬고 생각하고 느끼는 모든 과정에 있어 사령탑과 같다. 그런데 우리는 뇌를 의식하지 않고 일상생활을 한다. 살아감에 있어 뇌를 단련해야 하는 이유는 건강하고 행복한 삶을 살기 위함이다. 노화는 막을 수 없지만, 건강을 좌우하는 뇌를 관리하는 것은 노후에 삶의 질을 향상할 수 있다.

매일 뇌 운동은 뇌를 변화시켜 노년 삶도 지키고 치매와 같은 뇌 질환도 예방하고 활기찬 노후를 누릴 수 있는 지름길이다.

### ▲ 과학적 근거

뇌 운동은 '신경 가소성'에 기초한다. 가소성이란 새로운 정보를 배우거나 경험하는 과정에서 뇌가 기능적으로 변할 수 있다. 뇌는 이러한 가소성이 있기 때문에 지속적인 자극을 주면서 훈련하면 그에 따라 변한다. 한 연구에 따르면 노인의 뇌에서 새로운 신경세포가 연결이 일어나는 것을 확인했다고 한다. 노인의 뇌도 가소성에 의해 새롭게 학습하고 변화할 수 있음을 보여준 예이다. 뇌세포는 줄어들기만 하는 것은 아니다. 성장기가 지나도 뇌에서 새로운 세포가 생긴다.

스웨덴 카롤린스카 연구소 스폴링 박사팀은 인간의 기억을 담당하는 해마라는 부위에서 신경세포가 계속 생겨나는 것을 밝혀냈다. 또한 운동만으로도 뇌 유래 신경성장 인자(BDNF, Brain-Derived Neurotrophic Facton) 분비를 촉진할 수 있다. 이 물질들은 죽어가는 뇌세포와 시냅스를 회복시키기도 한다. 또 켄터키대학교의 데이비드 스노던 교수는 수녀들을 대상으로 한 뇌의 노화에 대해 연구한 결과 나이가 들면 퇴화하는 뇌의 신경전달물질들이, 뇌에 지적 자극을 주면 다시 새롭게 생성되어서 뇌 기능을 지속적으로 활성화하는 사실을 발견했다. 세계 최고 병원 중 하나인 미국 메이요 클리닉의 연구 결과로는 책을 많이 읽거나 게임, 손을 많이 사용하는 사람은 기억력 손상 정도가 40%가량 감소했다고 하였다. 미국 캘리포니아주립대 에일린 구더스 박사팀 연구에도 명상을 오래 한 사람들은 명상하지 않은 사람들보다 뇌가 더 크고, 뇌 기능도 더 잘 되는 사실을 밝혀냈다.

오랫동안 명상을 해온 사람들은 대뇌와 기억을 담당하는 오른쪽 해마, 감정과 행동의 조절을 담당하는 안와전두피질(orbitofrontal cortex) 등의 크기가 보통 사람보다 더 큰 것으로 나타났다. 명상을 하면 명상하는 동안 좌측 전두엽이 활성화되고 긍정적인 감정과 관련된 뇌의 활동이 증가하고, 스트레스 감소와 집중력 향상에 기여하는 것으로 나타났다. 좌측 전두엽은 행복감을 자주 느끼는 사람일수록 활성화가 잘 되는 것으로 알려져 있다. 이는 곧 명상이 행복감과 같은 긍정적 감정에 효과가 있음을 말해준다.

▲ **단계별 실행 매뉴얼**

1단계: 몸과 뇌를 깨우는 운동
- 입 운동: 안면 근육과 혀 스트레칭하기 예로 쪼르륵, 콸콸콸, 졸졸졸, 라라라, 러러러, 랄랄랄
- 혀 운동: 혀 늘이고 말아 넣기 10회, 입안에 혀 돌리기 10회, 혀끝으로 이 누르기 10회, 문장따라 말하기, 스투룹효과(글자의 의미와 색상이 일치하지 않을 때 반응 속도가 느려지는 현상)

- **손 운동**: 1950년대 캐나다 신경외과의사(Wilder Penfield)의 뇌 기능적 지도 연구에서 보면 손이나 손가락에 관련된 부분 비율이 크다. 뇌 속에 손과 관계되는 부분이 많다는 것은 인간의 뇌가 갖는 특징 중 하나이다. 펜필드의 손지도 호문쿨루스를 보면 인체의 다른 부위에 비해 손의 비중이 크게 차지하는 것을 한눈에 알 수 있다. 손은 대뇌 피질의 가장 넓은 부위와 연관되어 있는데 이는 손을 움직이면 뇌신경을 광범위하게 깨울 수 있다. 손동작 하면 머리가 맑아지고 정교한 손의 움직임은 주의 집중력과 기억력을 동시에 높인다. 즉 손을 다양하게 움직이는 것은 그 어떤 신체 움직임보다 뇌의 회로를 크게 활성화 시킨다. 또한 평소 잘 쓰지 않는 손을 사용하면 반대쪽 뇌도 자극하게 되는데, 예로 오른손과 왼손으로 각각 다른 도형을 그린다든지, 모래시계를 이용한 8가지 건강 기능 박수, 양손을 엇갈리게 하나씩 접기, 손가락 돌리기, 항상 이기는 묵찌빠, 손 마사지 등을 활용한다.
- **신체활동**: 신체의 움직임은 뇌에 직접적인 영향을 주는데, 적절한 신체활동을 통하지 않고는 뇌를 발달시킬 수 없다. 팔다리와 몸통을 움직이는 동작, 음악 듣기나 책 읽기 등도 몸의 감각기관을 통해 뇌에 자극을 전달한다. 신체를 움직이는 것은 신경 세포망 생성을 유도하기에 뇌의 기능을 전반적으로 향상시킨다. 따라서 신체를 움직이면 지적 훈련 효과를 얻을 수 있다. 몸과 뇌를 함께 깨우는 운동으로는 스트레칭, 머리와 얼굴 어깨 팔 두드리기, 가슴과 배 다리 두드리기, 반대 방향으로 어깨 돌리기, 명상 등이 있다.

## 2단계: 인지 건강 증진 두뇌 훈련

- **언어능력**: 언어를 자유롭게 표현하며, 듣고, 이해하는 능력으로 낱말 퍼즐 맞추기, 끝말잇기, 초성 게임, 일기 쓰기
- **주의 집중력**: 필요한 이유는 안전의 문제, 일상생활의 영위, 인지 활동 등 주변에서 들어오는 다양한 감각자극을 우선순위에 따라 중요한 자극을 선별한다. 또한 특정한 감각이나 정보에 초점을 맞출 수도 있도록 하는 능동적 과정이기도 하다. 예로 틀린 그림 찾기, 숨은 그림찾기, 다른 모양 찾기, 스도쿠
- **기억력**: 정보를 저장하고 그 정보를 검색한다. 감각(시각, 촉각, 후각, 청각)으로부터 들어온 정보를 아주 짧은 기간에 정확하게 기록하고 저장하는 체계이다. 예로 회상 요법, 음식 만들기, 돈이야기, 메모리 게임, 카드 게임, 단어 외우기, 노래 부르기, 악기연주
- **계산 능력**: 수를 계산하는 능력으로 간단한 계산을 위해 주의 집중력과 추론 능력이 있다. 예로 연산 미로, 지나가는 차 번호 숫자 더하기, 메뉴판 음식값 계산하기, 시장바구니 계산
- **시·공간 능력**: 공간적인 정보를 변형시키는 것으로 일상생활에서 방향 감각을 유지하고, 문제를 해결하며, 위치를 파악하는 시지각 능력과 관련 있다. 또 대상을 지각한 후 이를 통합 또는 재구성하는 시공간 구성 능력으로도 분류한다. 예로 퍼즐 맞추기, 칠교놀이, 길 찾기, 댄스, 요가, 그림그리기
- **전두엽 실행 능력**: 계획, 조직, 문제해결, 판단, 의사 결정, 주의집중, 행동조절과 같은 고차원적인 인지기능으로써 예로 성격이 다른 것 찾기, 공통점이 있는 것끼리 분류하기. 시간 관리 연습, 그룹 활동, 토론

- **명상**: 노화에 따른 전두엽 피질의 감소를 막고 두께를 증가시키는 효과도 있다. 가장 쉽게 접근할 수 있는 명상은 호흡이다. 호흡을 꾸준히 하면 신체 감각이 회복되고, 뇌도 긍정적인 변화가 온다. 또 자연의 소리와 함께하는 명상은 두뇌를 휴식하게 하고 스트레스 감소, 감정 조절, 집중력 향상, 불안 감소, 신체 건강 증진(면역력 향상과 혈압 감소)에 기여하게 되고 일상 속에서 편안함과 활력을 준다.
- **감사 일기 쓰기**: 매일 감사한 일을 3가지 이상을 적음으로써 일상 속 작은 행복을 발견하고. 긍정적인 사고를 기르고, 감사한 일로 스트레스를 줄이는 데 도움이 된다.

3단계: 뇌 건강 노트 만들기

1. **하루 중 기억하고픈 일상생활 또는 사회적으로 쟁점이 된 사건 요약하기**

○ 제목:

○ 내용:

○ 소리 내 읽고 체크 하기

| 1회 | 2회 | 3회 |
|---|---|---|
|  |  |  |

## 2. 감사일기 쓰기(3가지 이상)

| 1회 | |
|---|---|
| 2회 | |
| 3회 | |

## 3. 운동일기 쓰기

| 모래시계로 시간 측정<br>박수치기(8가지) 8분 | | | | | | | | | | |
|---|---|---|---|---|---|---|---|---|---|---|
| 손운동 | | | | | | | | | | |
| 어깨, 팔, 가슴,<br>배, 다리 두드리기 | 횟수 체크 | | | | | | | | | |
| | 1 | 2 | 3 | 4 | 5 | 6 | 7 | 8 | 9 | 10 |
| 스트레칭 | | | | | | | | | | |
| 명상 | | | | | | | | | | |

▲ **저자의 경험담**

노인복지관 인지 교실 수업 강의를 시작한 지도 벌써 2년이 다 되어 간다. 어르신들의 인지 수업으로 책이 있다. 책 속에는 치매 예방을 위한 인지훈련으로 중앙치매센터에서 정의하고 있는 주요 인지 기능 요소별로 수업을 한다. 하지만 어르신들의 흥미도 중요하기에 책자에 없는 내용도 준비해 가고 있다. 첫해는 실뜨기 마술로 어르신들과 소통의 도구로 활용을 했다. 너무 재미있고 신기하다고 웃으면서 배우셨다. 한 어르신은 배운 걸 경로당에 가서 친구들을 가르쳐 준다고 자랑하기도 하셨다. 표정을 보면 너무 해맑게 웃으시고 인지 교실 오는 날만 기다려진다고 하셨다. 또 다른 어르신은 다양하게 수업을 진행해 주어서 고맙고 집에 가서 그날 배운 내용을 복습까지 하시는 분도 계셨는데 수업에 오셔서는 남편분과 함께 배운 내용을 복습하고 있다고 자랑하셨다.

올해는 뇌 인지 훈련으로 칠교를 가지고 놀이를 하고 있는데 어르신들의 시공간 능력, 손과 눈의 협응력, 집중력 향상에는 칠교놀이가 좋은 프로그램이다. 처음에는 어떻게 해야 할지 몰라서 칠교를 쳐다만 보고 있었다. 반복으로 난이도 조절을 해가며 연습을 한 결과 지금은 하나씩 모양을 만들어 가는 재미에 푹 빠져 계신다. 다양한 모양을 만들 때 푹 빠져서 잡념이 하나도 생각이 안 난다고 하신다. 다음에는 또 어떤 모양을 만들지 궁금해하시기도 한다.

### ▲ 독자 미션: "1초에 10번"

"오늘 여러분들의 건강을 제가 체크해 드리겠다. 건강한 사람은 1초에 10번 이상의 박수을 칠 수 있다. 제가 1~10까지 셀 동안 여러분들은 박수를 칩니다. 박수가 끝나면 끝났다는 의미로 '와' 소리와 함께 양손을 흔들어 주세요."

 이 멘트와 함께 대강 10까지 세면 대부분 사람이 '와' 소리와 함께 양손을 흔든다. 이때 "감사한다. 여러분들께서 박수와 함성으로 환영해 주시니 몸 둘 바를 모르겠다." 멘트로 마무리한다.

내용 상세 보기 ▶

**조영아**
(마음나래연구소 대표)

# 기술 29:
# 수업을 바꾸는 시간, 마법 같은 스토리텔링의 힘!

▲ 스토리텔링의 힘

강의 중 학습자들의 집중력이 흐트러지는 순간을 경험해 본 적이 있는가? 스토리텔링은 지식 전달 및 단순한 정보 전달을 넘어 학습자의 경험과 성장을 연결하고 몰입과 감정을 더해 집중력을 극대화하는 강력한 도구이다. 딱딱하고 지루한 이론 중심의 교육은 학습자들이 흥미를 잃고 학습자들의 능동적인 참여와 깊이 있는 학습을 방해할 수 있다. 반면 스토리텔링은 학습자의 풍부한 경험을 자극하고, 학습 내용을 개인적인 맥락과 연결하여 몰입도를 높이는 데 효과적이며 스토리텔링을 통해 학습 내용을 흥미로운 이야기로 전달함으로써 관심을 끌고 기억에 남는 학습을 진행할 수 있다. 흥미진진한 이야기와 감동과 재미가 있는 스토리는 학습자들의 몰입도를 높이고, 지식을 더욱 효과적으로 전달하여 기억 속에 오래 남는 특별한 경험을 선사한다. 지루하고 재미없는 수업은 이제 그만! 마법 같은 스토리텔링의 기적을 경험해 보자!

### ▲ 감성적 공감을 끌어내는 이야기의 힘

스토리텔링의 가장 큰 강점은 감정을 자극하고 공감을 끌어낸다는 점이다. 감정이 개입되면 학습자들은 내용에 더욱 집중하게 되며, 이는 장기 기억으로 남을 가능성이 높다. 스토리텔링은 감정적 공감을 끌어내는 서사를 통해 학습자들의 흥미를 유발하고, 능동적인 학습 참여를 유도한다. 감동적인 이야기나 감성적인 메시지는 학습자의 마음을 움직이고, 깊이 있는 학습을 유도하기 때문이다. 심리학 연구에서도 감정과 연관된 경험이 더욱 오랫동안 기억에 남는다는 사실이 밝혀졌다. 이야기가 포함된 강의는 학습자들의 감정을 자극하여 그들의 참여를 유도하고, 단순한 지식 습득을 넘어 의미 있는 학습 경험을 제공할 수 있다.

예를 들어, '자녀와의 건강한 소통' 강의에서 강사가 사춘기 자녀와의 소통 문제로 어려웠던 상황에서 자녀와 함께 공통 취미를 찾아 시간을 보내며 소통하는 가운데 관계 회복을 하고 이를 극복한 경험담을 공유하거나, '나 돌아보기' 강의에서 우울감으로 힘들었던 상황에서 자신을 돌아보고 찾아내고 극복하기 까지의 과정을 소개하고 공유하면 학습자들의 공감을 불러일으킬 수 있고 학습자들의 마음을 움직여 문제 해결에 대한 동기 부여와 도전으로 연결할 수 있는 기회를 제공할 수 있다.

그러므로 감성적 공감을 끌어내는 이야기는 깊은 몰입과 공감대 형성, 기억력 향상, 동기 부여, 가치관 전달, 관계 강화, 타인 이해, 문제 해결 능력 향상, 사회적 책임감 강화, 긍정적 영향력 확산을 통해 사람들의 마음을 움직이고 긍정적인 변화를 끌어내는 강력한 힘을 지닌다.

### ▲ 학습자의 경험을 공유하여 능동적인 학습 참여 유도

이야기를 활용한 강의는 학습자들을 수동적인 청취자가 아니라 능동적인 참여자로 변화시킨다. 스토리텔링의 효과는 단순히 집중력을 높이는 데 그치지 않는다. 학습자들은 스토리를 통해 경험을 공유하고, 서로의 의견을 나누는 과정에서 더욱 깊이 있는 이해를 하게 된다. 특히 성인 학습자는 각자의 분야에서 다양한 경험을 가지고 있다. 이러한 학습자의 경험을 공유하고 토론하는 참여형 스토리텔링 방식은 교육 콘텐츠를 더욱 풍부하게 만들고, 학습 효과를 높이는 데 기여 할 수 있다.

예를 들어, '스트레스 관리' 강의에서 학습자들이 자신의 이야기를 나누며 각자 자신의 스트레스 경험과 관리 방법을 나누는 과정에서 서로의 감정과 생각을 공유할 때, 학습자들은 깊은 공감과 함께 감정적 연대를 느끼게 된다. 특히 스토리텔링은 그룹(팀) 활동에도 효과적이다.

문제 해결 중심의 워크숍을 진행할 때, 단순한 솔루션을 제시하는 것보다 학습자들이 스스로 해결책을 찾도록 유도하는 이야기를 활용하면 참여도가 훨씬 높아진다.

'소통 대화법' 강의에서도 '행복을 전하는 플러스 언어, 긍정 메세지를 전하세요!'라는 주제로, 그룹(팀)별 말풍선 작성하기를 한 후 발표하게 하면 그 과정에서 그룹(팀)별로 소통하는 가운데 생각을 나누고 긍정 메세지를 주고 받으며 적극적이고 능동적인 참여와 효과적인 활동으로 진행할 수 있다.

### ▲ 다양한 스토리텔링 기법의 활용

스토리텔링을 효과적으로 활용하기 위해 다양한 기법을 적용할 수 있다.

첫째, '문제 해결형 이야기'는 학습자들이 문제의 해결 과정을 따라가며 몰입할 수 있도록 돕는다. 여러 유형의 사례를 통해 문제 해결 과정이나 의사 결정을 제시하여 학습자들의 이해를 도울 수 있도록 한다.

예를 들어, 직장 내 갈등 관리 교육에서 실제 기업의 갈등 해결 사례를 이야기하면 학습자들은 보다 현실적인 해결 방안을 고민하게 된다.

둘째, '역할극을 통한 스토리텔링'도 효과적이다. 학습자들에게 특정 역할을 부여하고, 해당 인물의 관점에서 사건을 풀어가도록 하면 강의 내용이 더욱 생동감 있게 다가올 수 있다.

예를 들어, 리더십 교육에서 학습자들이 역할을 정하여 관계에서 발생할 수 있는 갈등 상황을 해결하도록 하면 실제 직무에서 적용할 수 있는 실전 경험을 쌓을 수 있다.

셋째, '비유와 은유를 활용한 이야기'도 학습 내용을 쉽게 이해하도록 돕는다. 비유나 은유는 학습자들의 상상력을 자극하고 오래 남는 이미지를 심어준다.

예를 들어, 조직 관리 교육에서 조직을 오케스트라에 비유하여 설명하면, 학습자들은 조직에서 발생할 수 있는 도전과 해결책을 보다 직관적으로 이해할 수 있다.

넷째, '시각 자료를 활용한 이야기'이다. 사진, 영상, 그림 등의 시각 자료는 강의 내용을 더욱 생생하게 전달하는 효과가 있다. 시각 자료를 통해 학습자들의 이해를 돕고 기억력을 향상시킬 수 있다.

다섯째, '게임과 유머를 활용한 이야기'이다. 강의 주제와 관련된 간단한 게임이나 적절한 유머는 강의 분위기를 부드럽게 만들고 학습자들의 긴장을 완화한다. 강의 계획 시 도입, 전개, 마무리 단계에서 진행할 수 있는 게임이나 유머를 준비하면 강의 내용을 더욱 재미있고 집중할 수 있도록 도와준다.

### ▲ 결론

이야기가 있는 강의는 학습자의 잠재력을 깨우고, 교육 효과를 극대화하는 강력한 도구이며 학습자들이 직접 경험하는 듯한 효과를 불러일으킨다. 이야기가 있는 학습은 마치 마법 같은 시간이 된다. 단순한 지식 전달이 아닌, 학습자들이 직접 경험하고 공감할 수 있는 방식으로 학습 내용을 전달함으로써, 더욱 기억에 남는 효과적인 학습을 만들 수 있다. 감정을 이끌어 내는 서사는 학습자들의 흥미를 유발하고, 능동적인 학습 참여를 유도하며, 정보 전달을 보다 자연스럽고 효과적으로 만든다.

따라서, 강사는 다양한 형태의 스토리텔링 방법을 제시하고 스토리텔링을 적극적으로 활용함으로써 교육의 질을 한층 더 높일 수 있다. 기업, 기관 교육에서는 실제 사례를 중심으로 서사를 구성하고, 직무교육에서는 경험 공유를 통해 학습자들의 공감을 끌어내며, 변화와 혁신 교육에서는 비유와 시뮬레이션을 활용하면 학습자들은 더욱 적극적으로 강의에 몰입할 것이다. 이야기가 있는 강의야말로 진정한 몰입과 집중의 마법을 불러오는 힘이 된다는 것을 꼭 기억하시고 학습자의 경험과 성장을 연결하는 스토리텔링 기반의 교육을 설계해 보자. 학습자는 자신의 경험과 지식을 공유하고, 새로운 인사이트를 얻으며, 지속적인 성장을 이어 나갈 수 있을 것이다. 지금 바로 당신의 수업에 마법 같은 스토리텔링을 더해보자!

내용 상세 보기 ▶

**최선미**
(투게더성장연구소 대표)

# 기술 30:
# AI시대, 공감은 경쟁력이다 -
# 몰입을 부르는 교육자의 존재력

### 성교육에서 몰입을 방해하는 현실과 해결책

성교육은 참여자들이 자신의 몸과 감정을 이해하고 건강한 관계를 형성할 수 있도록 돕는 필수적인 교육과정이다. 하지만 현실적으로 성교육이 제대로 이루어지지 않는 경우가 많다.

강사 입장에서 성교육을 진행하면서 가장 큰 어려움은 참여자들이 몰입하지 못하고 있다는 것이다. 이는 참여자들이 관심이 없어서가 아니라, 성교육이라는 주제가 민감하고 낯설기 때문이다. 그렇다면 왜 성교육에서 몰입도가 낮아지는 것일까?

첫째, 민감한 주제에 대해 이야기 하는 것을 불편해한다. 특히 성에 대한 대화가 자연스럽지 않은 문화에서 자란 참여자들은 더욱 조심스럽고 소극적인 태도를 보인다.

둘째, 기존의 성교육이 주로 강사의 일방적 전달 방식으로 진행될 때, 참여자들은 듣기만 하는 수업에 익숙해져 적극적으로 참여하지 않게 된다. 참여가 적을수록 몰입도가 낮아지고, 이는 성교육의 실질적인 효과를 떨어뜨린다.

셋째, 성교육이 참여자 개개인의 경험과 감정을 반영하지 않으면, 참여자들은 이를 자신과 무관한 이야기로 받아들인다. 참여자들이 직접 고민하는 문제를 중심으로 다루지 않는다면, 몰입도를 높이기 어렵다.

이러한 문제를 해결하기 위해서는 기존의 강의식 성교육에서 벗어나, 참여자들이 적극적으로 참여하고 자신의 감정을 자연스럽게 표현할 수 있는 공감 소통 방식이 필요하다. 단순한 '티칭(Teaching)'을 넘어 참여자 스스로 탐구하고 고민하도록 유도하는 '코칭(Coaching)' 방식으로 변화해야 한다.

### 과학적 근거

'감정적 연결이 몰입을 높인다' (이재경, 김진숙, 2018) 연구에서는 교사의 공감적 소통이 초등학생의 학습 몰입도를 28% 증가시키는 것으로 나타났다. 특히, 학생들이 강사에게 존중받고 있다고 느낄 때 더 적극적으로 참여하며, 수업 내용을 자신의 경험과 연결하려는 태도를 보였다. 이는 학생들이 자신과 관련이 있다고 느낄 때 학습 효과가 극대화된다는 점을 시사한다.

'소통의 방식이 학습 태도를 변화시킨다'(박성희, 2019) 연구에서는 교사의 공감적 피드백이 학습 동기와 몰입을 강화하며, 열린 질문과 경청을 병행한 수업에서는 몰입도가 평균 35% 증가했다. 연구에 따르면, 단순한 강사의 설명이 아니라 학생의 이야기를 경청하고 이에 대해 긍정적으로 반응할 때, 학생들은 더욱 깊은 사고를 하며 자신의 생각을 표현하는 데 적극성을 보였다.

'경험 기반 교육이 장기적 학습 효과를 만든다'(최민경, 2021) 연구에서는 학생 경험과 연결된 사례를 활용할 경우 학업 성취도가 유의미하게 향상되며 학습 몰입도 또한 증가하는 것으로 확인되었다. 연구에서는 실제 사례를 활용한 성교육 수업과 일반 강의식 성교육을 비교한 결과, 경험과 관련된 이야기가 포함된 성교육 수업에서 학생들이 수업 후에도 배운 내용을 더 오래 기억하고, 성에 대한 건강한 태도를 가질 가능성이 높은 것으로 나타났다.

교사의 공감적 태도가 학습 몰입에 미치는 영향 연구에 따르면, 교사가 학생들과 정서적으로 교감할 때 학생들은 안전함을 느끼고 자유롭게 질문하며 학습에 더 깊이 몰입하게 된다. 교사가 학생의 감정을 이해하고 이에 공감하는 태도를 보일 경우, 학생들은 단순히 정보를 암기하는 것이 아니라, 자신의 실제 경험과 연관 지어 학습하려는 동기를 갖게 된다. 이는 성교육에서도 중요한 요소로 작용하며, 공감적 태도를 보이는 교사의 성교육 수업에서는 학생들의 자발적인 참여율이 높아지고 성에 대한 개방적인 태도를 형성하는 데 긍정적인 영향을 미친다.

위의 연구 결과들은 공감과 소통을 중심으로 한 접근법을 성교육에 적용할 경우, 학생들의 몰입도와 학습 효과가 크게 증가한다는 점을 뒷받침한다. 단순한 지식 전달이 아닌, 학생들이 자신의 경험과 연결 지을 수 있도록 돕는 공감적 교수법이 성교육에서 반드시 필요하다. 몰입도 높은 성교육을 위해서는 학생들이 수업 내용을 단순한 정보가 아니라, 자신과 관련된 이야기로 받아들일 수 있도록 하는 교수법이 효과적임을 시사한다.

### 몰입을 이끄는 5가지 공감 소통 기술

첫 번째, 참여자들이 성교육 시간에 감정을 공유하고 적극적으로 참여하도록 공감 질문으로 유도한다. "오늘 어떤 주제로 이야기를 나누면 좋을까요?"와 같이 참여자 주도의 대화를 시작하는 질문을 던진다.

두 번째, 참여자가 발언한 내용에 대해 "너의 질문 덕분에 좋은 논의가 시작될 수 있겠네!"와 같은 긍정적 피드백을 제공한다. 참여자의 반응을 확장할 수 있도록 "이와 비슷한 경험이 있는 친구도 있을까?"와 같은 후속 질문을 던진다. 또한 다양한 의견을 존중하는 분위기를 형성한다.

세 번째, 자신의 경험과 수업 내용을 연결할 수 있도록 한다. "처음으로 몸의 변화를 경험했던 순간은?"와 같은 공감형 질문을 던진다. 질문을 하며 핵심 내용을 전달할 때 실생활 사례와 스토리텔링을 활용하여 몰입도를 높인다. 참여자들이 자유롭게 자신의 경험을 나눌 수 있는 분위기를 조성한다.

네 번째, 어려운 용어나 딱딱한 표현을 피하고, 참여자들이 쉽게 이해할 수 있는 친근한 언어를 사용한다. 설명 후 "이제 좀 더 이해가 되었나요?"와 같이 확인 질문을 던지며 참여자의 반응을 체크한다.

다섯 번째, 집중을 높이는 참여형 활동으로 구성하여 참여자들이 적극적으로 수업에 몰입하도록 돕는다. 역할극을 통해 서로의 고민을 들어보고 해결책을 제시하는 활동, '디지털 성범죄 예방 포스터 제작' 등 창의적인 활동을 통해 수업 내용을 학습자의 경험과 연결한다.

참여자들의 참여 후 "오늘 활동에서 가장 인상 깊었던 점은?" "오늘 수업의 키워드 3개는?" 과 같은 질문을 던져 반응을 확인한다.

### AI 시대, 공감은 '경쟁력'이다 – 인간만이 할 수 있는 일

한 중학교 특수학급 수업에서, 말수가 적은 아이가 수업 후 작은 쪽지를 건넸다.

"선생님, 제 얘기를 끝까지 들어주는 사람이 처음이에요." 수업은 이제 티칭이 아닌 코칭으로 사람만이 할 수 있는 공감으로 몰입 할 때 가장 강력한 에너지를 느낄 수 있다.

### 진짜 몰입은 '듣는 존재'에서 출발한다.

몰입은 참여자에게 선택지를 주는 것에서 시작된다. 학습자는 듣는 자가 아닌 강의 내용을 자신에게 적용하여 다시 말하는 자가 된다. 그리고 그 순간, 강의는 변화의 장이 된다.

교육 중에, '성적 의사표현 카드'와 '거절 문장 만들기 활동'을 한다. 그 활동을 마치고 "이건 제가 동생에게 꼭 말해주고 싶어요"라고 말한 한 학생이 있었다. 자신이 배운 것을 '누군가에게 전하고 싶다'는 마음은 최고의 몰입 지표다. 이처럼 공감은 단지 감정의 이해를 넘어, 행동을 이끄는 촉매로 작용한다.

### 정보는 AI가, 변화는 사람이 만든다.

AI는 이미 우리가 다루는 정보의 대부분을 흡수하고 있다. 그러나 '사람과 사람 사이의 신뢰'는 데이터를 넘어서는 일이다. 참여자가 "이 강의는 뭔가 따뜻했어요."라고 말할 때, 그것은 전달된 정보 때문이 아니라 강사의 태도, 눈빛, 기다림의 공기 때문이다.

강사로 학습자에게 지식 전달이 아니라 '코치'로서 존재에 대한 질문을 할 때, 몰입은 저절로 따라온다.
"오늘 이 수업이 너에게 어떤 감정으로 느껴졌니?"
그 질문들이 살아 있는 수업은, 언제나 조용한 울림을 남긴다. 그리고 그 울림은, 종이책 속에선 결코 배울 수 없는 것이었다.

AI가 스크립트를 쓰고, 감정 분석을 하고, 상담 시뮬레이션까지 구현하는 시대다. 그러나 여전히 사람의 말, 특히 '공감하는 말'은 복제되지 않는다. 강의 중 참여자의 침묵에 반응하고, 한마디 질문에 내면의 울림을 알아차릴 수 있는 건 사람의 감각이다. 성교육 강사로서, 나에게 중요한 기술은 "어떤 정보냐"가 아니라 "어떻게 들을 것이냐"였다.

참여자의 이야기를 경청하고 공감하며 함께 만들어가는 교육자의 모습은 이제 선택이 아니라 필수가 되었다. 공감이 흐르는 수업에서는 참여자도 말하고 싶은 용기, 듣고 싶은 태도를 함께 키워간다. 성교육뿐만 아니라 모든 교육의 현장에서, 몰입을 이끄는 진짜 기술은 존재를 존중받는 경험에서 비롯된다.

몰입은 내용의 완성도가 아니라 관계의 신뢰도에서 시작된다. 공감은 교육의 따뜻한 문을 여는 열쇠이고, 그 안에서 피어나는 몰입은 성장의 시작점이다. 그리고 그 문을 먼저 열어야 할 사람은, 바로 당신이다.

내용 상세 보기 ▶

**최유미**
(한국미래인재교육협회 대표)

## 기술 31:
## 신박한 강의 몰입 스킬_강사를 이겨라

▲ **학생들은 왜 강의에 몰입하지 않을까?**

오늘날 교실에서는 흔히 볼 수 있는 풍경이 있다. 강사는 열정적으로 강의를 진행하고 있지만, 정작 학생들은 스마트폰을 들여다보거나 멍하니 창밖을 바라본다. 그들의 시선은 강사에게 닿지 않고, 학습의 흐름은 자주 끊긴다.

왜 이런 현상이 반복되는 것일까?

첫째, 정보 과부하는 중요한 원인 중 하나다. 실제로 한 시간 분량의 강의에서 학생들이 능동적으로 집중할 수 있는 시간은 평균 10분이 채 되지 않는다.

둘째, 수동적인 강의 방식은 학습자의 몰입을 방해한다. 일방적인 전달 방식의 강의는 쉽게 지루함을 유발하며, 참여 없는 수업은 곧 집중력 저하로 이어진다.

셋째, 학습 동기의 부족도 주요 요인이다. 학생들이 "이걸 왜 배워야 하지?"라는 질문에 대해 명확한 답을 찾지 못할 때, 학습의 내적 동기는 급격히 떨어진다.

마지막으로, 멀티태스킹의 습관이 집중력을 분산시킨다. 스마트폰과 강의 내용이 동일 선상에서 경쟁하게 되는 상황에서, 강의가 이기는 일은 거의 없다.

이와 같은 현실 속에서 우리는 새로운 접근이 필요하다. 단순히 정보를 전달하는 것이 아닌, 학생들이 자발적으로 몰입하게 만들 수 있는 전략이 필요하다. 그 해결책 중 하나가 바로 강의를 '경쟁하는 게임'으로 바꾸면 집중도가 높아진다!

### ▲ 강사를 이겨라! 신박한 몰입 도구인 이유

왜 '강사를 이겨라.'인가?

게이미피케이션은 활발히 적용되고 있는 교수 전략 중 하나다. 퀴즈, 점수, 보상, 배지 등의 요소를 활용하여 학습자의 참여를 유도하고 흥미를 유지하려는 방식은 이미 다양한 형태로 확산되어 왔다. 그러나 실제 교육 현장에서는 학생이 일방적으로 문제를 푸는 데 그치고, 교사와의 상호작용은 제한적이며, 학습 몰입보다는 단기적인 재미에만 그칠 수 있는 한계가 분명히 존재한다.

이러한 점에서 '강사를 이겨라'는 기존의 게이미피케이션 기법과는 명확히 구별된다. 이 방식은 학습자와 강사 사이에 직접적인 대결 구도를 설정함으로써 기존의 수업 구조 자체를 전환시키는 전략이다. 단순한 참여형 활동을 넘어, 학습자가 주체적으로 승리를 목표로 학습에 몰입하는 구조를 만든다는 점에서 그 의의가 크다.

'강사를 이겨라'가 신박하다고 평가받는 이유는 명확하다. 우선, 이 방식은 즉각적인 긴장감을 유발한다. 단순히 퀴즈 문제를 맞히는 것이 아니라, '강사보다 더 많이 맞히는 것'을 목표로 삼아 수업의 흐름을 흥미롭게 바꾸며, 자연스럽게 집중할 수 있는 동기를 제공한다. 또한 이 방식은 학습의 주도권을 학습자에게 이전한다. 학생이 점수를 획득하기 위해 주도적으로 참여해야 하기 때문에, 학습의 방향이 강사 중심에서 학습자 중심으로 자연스럽게 이동하게 된다. 더불어 이 전략은 승부욕이라는 인간 본연의 본능을 자극하는 구조를 가지고 있다. 대부분의 사람들은 이기고 싶은 본능을 갖고 있으며, 이러한 심리는 잘 설계된 학습 환경에서 매우 효과적인 몰입 자극제가 될 수 있다.

마지막으로, '강사를 이겨라'는 수업을 역동적으로 변화시킨다. 기존의 게이미피케이션이 주로 보상 중심의 정적 구조를 가지고 있다면, 이 방식은 실시간 반응, 점수 경쟁, 팀워크, 전략 등이 결합된 다층적인 상호작용의 장을 제공한다. 특히 팀 대결이나 생존 퀴즈 등의 요소를 활용하면 협력과 경쟁이 동시에 발생하면서, 수업은 자연스럽게 몰입과 참여의 장으로 바뀐다.

결론적으로 '강사를 이겨라'는 강의의 구조 자체를 뒤흔들고, 학생들이 수동적 청중이 아니라 능동적 경쟁자로 바뀌는 몰입 중심의 수업 디자인 전략이다. 경쟁과 도전이라는 내적 동기를 통해 학습을 견인하는 방식이며, 더욱 강력하고 교육적으로도 높은 효과를 기대할 수 있다.

### ▲ '강사를 이겨라!' 게임형 강의 설계 매뉴얼

이 전략은 학생의 몰입과 참여를 끌어내기 위해 고안된, 구조적으로 설계된 게임형 강의 방식이다. 핵심은 강사와 학생 사이의 대결 구도를 설정하여 긴장감을 유도하고, 이를 통해 학생들이 스스로 학습에 몰입할 수 있는 환경을 조성하는 데 있다.

강사는 게임의 진행자이자 도전자 역할을 수행한다. 반대로 학생은 문제를 풀고 점수를 얻으며 승리를 목표로 하는 플레이어가 된다. 이 구조 속에서 자연스럽게 학습자 중심의 참여가 이루어지며, 수업에 대한 몰입도 또한 높아진다.

### 1단계: 대결 구도 설정과 팀 구성

'강사를 이겨라' 방식의 시작은 바로 대결 구도 설정이다. 수업 초반 강사가 "여러분과 저는 오늘 승부를 겨룰 겁니다. 문제를 낼 테니 여러분이 맞히면 여러분이 점수를 얻고, 틀리면 제 점수가 올라갑니다. 과연 누가 이길까요?"라고 선포하는 순간, 수업의 분위기는 달라진다. 이 간단한 선언만으로도 학생들의 집중력은 상승하고, 수업 참여에 대한 기대감이 높아진다.

팀 구성 방식은 크게 두 가지로 나눌 수 있다. 하나는 개인 대 개인으로 강사와 직접 대결하는 개인전, 다른 하나는 2~5명 단위의 소그룹을 구성하여 강사와 팀 대결을 펼치는 팀전이다. 학생 수와 학급 분위기에 따라 유동적으로 구성할 수 있으며, 소극적인 학급에서는 팀전을 권장한다. 팀별 대표를 정하고, 전략적 협의를 통해 정답을 유도하는 방식은 팀워크와 의사소통 능력을 함께 길러준다.

### 2단계: 게임 방식 설계

게임은 단순히 '재미'만을 위한 요소가 아니다. 교육적 맥락에서의 게임은 몰입을 유도하고, 학습 내용의 반복과 정리를 가능하게 하는 매우 효과적인 학습 도구이다. '강사를 이겨라'는 세 가지 게임 방식을 중심으로 구성할 수 있다.

첫째는 OX 퀴즈 방식이다. 강사가 문제를 제시하고, 학생들은 O 또는 X로 답을 선택한다. 강사 역시 동시에 답을 공개하며, 맞힌 쪽이 점수를 얻는다. 이때 문제의 난이도를 점진적으로 조절하여 학습의 깊이를 더할 수 있다. 쉬운 문제에서 시작해 중간 난이도, 그리고 마지막에는 함정이 포함된 고난도 문제를 제시하는 방식은 학습자의 몰입과 도전 욕구를 동시에 자극한다.

둘째는 가위바위보 챌린지이다. 이 방식은 보다 즉흥적인 참여와 집중을 요구한다. 강사가 문제를 제시한 뒤, 참여를 원하는 학생과 가위바위보를 진행한다. 이긴 학생은 문제에 답할 기회를 얻으며, 맞히면 높은 점수를 받는다. 이 방식은 학생 개개인의 도전 정신을 자극하고, 수업 중 활발한 상호작용을 끌어내는 데 효과적이다.

셋째는 골든벨 생존 퀴즈이다. 모든 학생이 일어서서 문제를 푸는 방식으로, 틀리면 앉고 맞히면 계속 참여한다. 마지막까지 생존한 3인에게는 추가 미션이나 보너스 점수를 제공할 수 있다. 이 방식은 강의 후반부에 학생들의 집중력을 끌어올리는 데 효과적이며, 수업의 하이라이트로 구성할 수 있다.

### 3단계: 점수 시스템과 보상 설계

게임형 강의에서 점수 시스템과 보상은 학생들의 지속적인 몰입을 유도하는 핵심 장치이다. 단순히 문제를 맞히는 것으로 끝나는 것이 아니라, 경쟁을 통해 얻은 결과에 대해 보상하거나, 페널티를 부여함으로써 학습의 긴장감을 유지할 수 있다.

예를 들어, 학생 팀이 10점 이상을 획득하면 강사는 힌트를 공개하거나, 강의자료 일부를 선공개할 수 있다. 반대로 강사가 이긴다면 학생 팀에게는 추가 학습 미션을 부여하거나 다음 수업 준비물을 맡기는 등 소소한 페널티를 줄 수 있다.

또한 시각적으로 점수를 표시하는 스코어보드를 활용하는 것도 중요하다. 칠판, 화이트보드, 또는 PPT 화면을 통해 점수를 실시간으로 표시하면 게임의 현실감과 몰입도가 훨씬 높아진다. 팀명, 점수, 남은 미션 등을 표시하여 수업이 하나의 경연장처럼 운영되도록 구성하면, 학생들은 자연스럽게 학습에 몰입하게 된다.

**4단계: 복습과 피드백**

게임형 수업의 마지막은 반드시 복습과 피드백으로 마무리되어야 한다. 게임에서 틀린 문제를 함께 다시 풀어보고, 해설을 통해 학습 내용을 정리하는 과정이 없다면, 단순한 활동으로 끝날 수 있다. 따라서 게임이 끝난 후에는 각 문제의 해설과 함께 해당 주제에 대한 핵심 요점을 정리하는 시간을 갖는다.

이후 학생들에게 "가장 헷갈렸던 개념은 무엇이었는지", "오늘의 활동이 학습에 어떤 도움이 되었는지"를 물어보며 간단한 피드백을 나누는 것도 유익하다. 이러한 피드백은 강사에게 다음 수업 설계의 실마리를 제공하고, 학생들에게는 자신의 학습을 되돌아보는 기회를 제공한다.

결국 '강사를 이겨라'는 단순한 게임이 아닌, 몰입을 유도하는 수업 디자인 전략이다. 강사와 학생이 함께 경쟁하며 웃고 배우는 이 수업 방식은,

지금까지 우리가 익숙하게 경험해온 강의와는 다른 차원의 학습 몰입 경험을 제공한다. 학습자는 도전하고, 강사는 수용하며, 수업은 게임처럼 흘러간다. 그 안에서 웃음과 긴장, 그리고 배움이 동시에 일어난다.

내용 상세 보기 ▶

기술 32: 스토리를 마법처럼! 청중을 사로잡는 매직 스토리텔링 **203**

**최정화**
(매직아티스트)

## 기술 32:
## 스토리를 마법처럼!
## 청중을 사로잡는 매직 스토리텔링

마법과 마술은 어떤 차이가 있을까?

마법은 현실에서 불가능한 일들을 가능하게 만드는 특별한 힘이나 기술을 의미하고, 전통적으로는 초자연적인 힘이나 신비로운 주문을 통해 기적을 일으키는 개념으로 여겨졌지만, 현대에는 다양한 의미로 확장되어 있다. 예를 들면 감동적인 이야기나 놀라운 경험을 마법에 비유하기도 한다. 이렇게 말이다. '마법 같은 순간''

마술(Magic Illusion)은 관객에게 불가능해 보이는 현상을 보여주는 공연 예술이라고 할 수 있다. 마술사는 다양한 기술과 도구를 활용하여 사람들의 시선을 조작하고, 현실에서는 불가능한 것처럼 보이는 장면을 연출하기도 한다. 그렇다면 차이점은 현실과 판타지, 심리학. 속임수. 과학적 원리와 초자연적인 힘과 신비한 에너지, 엔터테인먼트. 공연 예술과 스토리 속 초능력. 판타지적 요소, 카드. 동전. 무대장치와 마법지팡이. 주문. 신비로운 힘 등의 차이를 들 수 있다.

그래서 매직스토리텔링은 마법 같은 감성과 마술기법을 이용하여 사람들의 감정을 움직이려고 한다.

▲ **마술과 감성을 연결하는 이야기에 대하여.**

우리는 모두 어린 시절에 되고 싶은 꿈이 있었다. 도시에서 풍족하게 살았던 사람은 모르겠지만 시골 깡촌에서 자란 나는 텔레비전 속 세상을 상상하면서 '이다음에 어른이 되면?'으로 시작하여 먹고 싶은 거, 입고 싶은 거, 하고 싶은 일들을 상상하며 지내곤 했다. 유난히 과일이 귀했던 시절이라, 특히 열대과일인 바나나, 귤 같은 과일은 명절이라도 먹기 힘들었다. 그런 경험을 해보지 못한 사람이라면 같은 감성을 공유하기 어려울 줄로 안다. 텔레비전에 나오는 바나나는 어떤 맛일까? 상상하는 즐거움은 지금 현대사회에는 경험하지 못할 감성이다.

강의에서 이런 감성은 아닐지라도 강의 주제나 제목, 또는 퀴즈 등을 스팟으로 할 때 좋은 쉬운 마술기법을 소개하고자 한다(영상:종이 한 장으로 바나나 만들기).

자연을 친구삼아 살았던 어린 시절, 나는 학교 도서관에서 살다시피 하였다. 특히 이야기책을 너무너무 좋아했는데 세계명작, 전래동화, 어린이 창작도서 등 지금도 기억하는 서고에 꽂혀있는 책의 수는 430권이었다. 다른 책들은 두 번씩 다 읽었는데 유독 자연 과학책은 근처에도 가지 않았다. 왜냐하면 집안에서는 누에와 같이 잠을 잤고(양잠), 밖에 나가면 풀과 함께 살았던 벌레들을 자주 볼 수 있으니까. 특히 배추밭에서 달팽이를 잡던 기억은 너무나 선명하여 요즘도 꿈속에서 아버지와 배추 속 달팽이를 잡는 꿈을 꾸곤 한다. 그리고 후회를 했다. 달팽이가 싫어하는 것을 책을 보고 미리 알았더라면 쉽게 달팽이를 잡을 수 있었을 텐데 하고 살며시 웃어 본다. 만약 책에 대한 강의나, 소통에 관한, 자연과학 등에 관한 강의를 한다면 스팟으로 달팽이매직스토리텔링은 어떨까 하고 제안해 본다(휴지 한 장으로 달팽이 만들기).

### ▲ 마술이 주는 심리적 효과를 활용하기

마술이 주는 심리적 효과는 심리학적 이론과 연구를 통해 설명될 수 있다. 마술은 단순한 시각적 트릭이 아니라 주의, 인지, 감정, 그리고 사회적 상호작용에 영향을 미치는 강력한 도구이기 때문이다. 먼저 인지 심리학적 관점에서 보면 마술은 관객의 주의를 특정한 방향으로 유도하고 예상하지 못한 결과를 보여줌으로서 강한 몰입을 유도한다. 인지심리학자 다니엘 카드먼(Daniel Kahneman)의 '주의 용량 이론'에 따르면 인간의 인지 자원은 한정적이기 때문에 마술사는 이를 활용하여 관객이 트릭을 알아차리지 못하게 한다.

예를 들면 '미스트릭션(Misdirection, 주의분산)' 기법을 활용하여 관객이 보지 못한 사이에 트릭을 수행하기도 한다. 또 하나는 변화맹(Chang Blindness) 즉 현실과 다른 경험을 제공하기도 한다. 관객은 자신이 세부적인 변화를 놓친다는 사실을 인식하지 못하며, 이를 통해 현실이 왜곡된 것처럼 느끼듯이 연구에 따르면, 사람들은 예상치 못한 변화가 발생하면 그 변화를 인지하지 못하는 경우가 많다. 마술은 이 원리를 활용하여 불가능해 보이는 현상을 연출해 관객에 경이로움을 제공하는 것이다.

다음은 제일 관객의 반응이 좋을 때 나오는 도파민과 감정 조절로 즐거움과 감동을 유발하는 부분이다. 마술을 볼 때 예측 불가능한 순간이 발생하면 뇌에서 도파민(Dopamine)이 분비되면서 놀라움과 흥분을 느끼게 된다.

연구에 따르면 예상하지 못한 긍정적 자극(서프라이즈 요소)이 기억과 학습을 촉진하며, 감정적으로 더 큰 영향을 준다고 한다. 예를 들면 마술이 끝난 후, "와!" 하는 감탄이 나오는 이유는 뇌가 예상하지 못한 결과를 경험했기 때문이다.

마지막으로 미러 뉴런 시스템, 즉 공감과 감정 이입 유발이다. 마술을 보는 동안 관객은 마술사의 감정을 따라가게 되며, 미러 뉴런(Mirror Neurins)이 활성화된다는 사실이다.

이로 인해 마술사의 동작이나 반응에 자연스럽게 감정이입이 되며, 감동을 경험할 가능성이 높아지기 때문인데, 예를 들면 마술사가 어린아이에게 마술을 보여주며 감동을 주는 장면에서 관객도 함께 감정을 공유하게 되는 부분이다.

함께 마술을 연출해 볼까요? (하트 스펀지 마술 영상)
옛날에는 사랑은 주는 거라고 했다. 받는 것이 아니라 주는 것이라고, 하지만 패러다임의 변화로 사랑은 주고 받는 것이라고 생각한다. 공감하시나요?

### ▲ 실제 마술을 활용한 감동적 연출

그럼 감동을 줄 수 있는 마술연출 한가지을 배워볼까요? (미움이 사랑으로 변하는 마술카드)

미움은 사랑으로
(찡그린 표정이 있는 카드 네장을 관객에게 보여준다)

요즘 사람들의 표정을 보면 이렇게 찡그린 표정들을 많이 볼수 있다. 왜 그럴까요? (물어본다) 코로나 때문에 일을 못해서?, 미세먼지 때문에?, 혹은 돈이 없어서?, 친구와 다투어서? 등등 맞다. 우리는 늘 행복할 때만 있는 건 아니겠죠?

때로는 화가 날 때도, 짜증이 날 때도, 남이 미울 때도, 우울할 때도, 있겠지요. 그런데 이렇게 힘들 때 무엇으로 풀 수 있을까요?

그렇죠.. 바로 사랑이다(사랑카드를 두 번째에 넣는다).

그러면 찡그린카드 한 장은 버리겠다(제일 앞쪽 찡그린 카드를 버린다, 그리고 카드 네 장을 모은다).

여러분들 인상들이 다 좋으시지만 그래도 제일 잘 웃으시는 분을 대표로 제가 모셔보도록 하겠다. 손을 내밀어 주시고 카드를 드리면 잘 잡으셨다가 다시 저에게 주시면 된다.

(미리 돌려서 관객에게 준다)

저는 아무것도 하지 않았다. 돌려받은 카드를 관객에게 보여주면.. 짜잔~~!! 미움이 사랑으로 변해있답니다.

여러분 ~~ 사랑이 정답이다. 사랑합시다~~^*^

미움은 사랑으로.


◆ 마술의 3요소
1. 마술은 한 번만 보여준다.
2. 연습을 많이 한다.
3. 트릭을 말하지 않는다.

하나리
(주)엔알컴퍼니 대표

## 기술 33:
## 집중을 부르는 스피치!
## 청중이 빠져드는 말하기 기술

▲ 문제 정의

"강연이 시작되면 5분도 채 되지 않아 스마트폰을 들여다보는 청중들. 내 이야기를 끝까지 집중해서 듣게 만들 수는 없을까?"

강연, 수업, 발표에서 가장 어려운 점은 청중의 주의를 유지하는 것이다. 정보 과부하 시대, 사람들의 평균 집중력은 8초에 불과한다. 말하는 사람이 어떻게 이야기하느냐에 따라 청중의 몰입도는 극적으로 달라질 수 있다. 단순히 정보 전달이 아니라 감정과 논리를 조화롭게 구성해야 한다.

**현대인의 집중력 저하 원인**
- 스마트폰과 멀티태스킹 습관이 집중력을 방해
- 짧은 영상(Short-form 콘텐츠) 소비 증가로 긴 강연에 대한 인내심 감소
- 단조로운 말하기 방식과 구조적 흐름이 없는 강연이 청중의 흥미를 떨어뜨림

이러한 문제를 해결하기 위해 효과적인 스피치 기술이 필요하다. 강연자가 어떻게 말하느냐에 따라 청중의 몰입도는 극적으로 달라질 수 있다.

 **과학적 근거**

**뇌파 연구**
- 몰입 상태(Flow)에서 나타나는 감마파 활성화 → 특정 패턴의 말하기 방식이 감마파를 자극함.
- Stanford 연구: 청중이 몰입할 때 감마파가 증가하고, 일정한 말하기 리듬이 이를 유도함.
- TED 강연 분석: 가장 인기 있는 강연은 강한 도입부와 감정적 연결을 이루는 구조를 갖추고 있음.

**주의 지속 효과**
- Harvard 연구에 따르면, 90초마다 새로운 자극(이야기 전환, 질문, 리액션)

- 을 줄 때 집중력이 유지됨.
- 집중력을 유지하는 스토리의 구조는 도입부, 갈등, 해결책의 형태로 자연스럽게 진행될 때 효과적.
- 특히 감성적인 이야기와 논리적인 구조가 조화를 이룰 때 집중력이 더욱 상승한다는 연구 결과 있음.

스토리텔링의 힘
- 인간의 두뇌는 데이터보다 이야기(스토리)를 들을 때 최대 22배 더 기억에 남김.
- 감정을 담은 이야기일수록 신경전달물질(도파민, 옥시토신) 분비가 활발해져 집중력과 공감도가 높아짐.
- 공감각적 스토리(냄새, 소리, 색채를 묘사하는 방식)가 더욱 강한 몰입 효과를 유발함.

▲ 단계별 실행 매뉴얼

STEP 1: '훅'을 던져라!
- 강연 시작 후 10초 이내에 강한 인상을 주는 훅(Hook) 사용
  예시) "여러분은 하루에 몇 번 스마트폰을 보시나요? 이 강연이 끝날 때까지 한 번도 보지 않는다면, 여러분의 집중력이 상승할 겁니다. 도전하시겠어요?"
- 효과적인 훅 유형: 질문형, 숫자 데이터, 감정적 이야기, 예측 불가능한 선언

## STEP 2: 감정의 롤러코스터를 만들어라

- 단조로운 톤을 피하고, 강약 조절로 감정의 흐름을 조성
- 놀람, 웃음, 긴장감을 유도하는 질문과 제스처 활용
  예시) "지금 여러분이 들고 있는 스마트폰을 10년 전에도 들고 있었다면 어떨까요?"
- 실전 팁: 청중과 눈을 맞추며 간격을 두고 말하기, 의도적인 침묵 사용
- 청중이 감정적으로 공감하는 순간 집중력은 극대화됨

## STEP 3: 90초마다 몰입 스위치를 눌러라

- 90초마다 새로운 요소 삽입(질문, 손들기, 간단한 이야기 전환)
- 직접 참여 유도("이 부분에서 손 들어보자!", "맞다고 생각하시면 고개를 끄덕여주세요!")
  예시) "지금까지 내용을 들으면서, 여러분이 공감하는 부분이 있다면 손을 들어주세요!"
- 강의 도중 의도적으로 침묵을 활용하는 것도 몰입도를 높이는 효과적인 방법

## STEP 4: 클라이맥스를 설정하라

- 핵심 메시지를 강조하는 '하이라이트 구간' 배치(강조 톤, 템포 변화)
- 감정을 최대한 실어 전달하며 이야기의 흐름을 정리
  예시) "집중력을 키우는 최고의 기술은… 지금 이 순간, 여러분이 여기에 존재하는 것이다."

STEP 5: '마지막 한 문장'을 기억하게 하라
- 발표의 마지막 문장은 감성적이거나 도전적인 메시지로 남기기
  예시) "오늘부터 여러분의 말하기 방식이 변하면, 여러분을 듣는 사람들의 집중력도 변할 것이다."
- 실전 팁: 마지막 문장은 천천히, 확신을 담아 말하기

▲ **저자의 경험담**

몇 해 전, 인상 깊은 컨설팅 경험이 있다. 포항에서 한 스타트업 대표님이 서울까지 나를 찾아오셨다. IR 피칭을 앞두고 있었는데, 처음 피칭을 들어보았을 때는 단조로운 목소리 톤과 정보만 나열된 구성 때문에 집중이 흐트러지기 쉬운 상태였다. 청중이 쉽게 지루해질 수 있는 전형적인 말하기 방식이었다.

나는 그분의 말하기 스타일을 바꾸기 위해 질문부터 던졌다. "이 이야기를 들은 투자자가 무엇을 느끼면 좋을까요?", "대표님이 이 비즈니스를 시작하게 된 진짜 계기는 무엇인가요?" 그렇게 이야기의 감정선과 흐름을 다시 짚어나갔다. 전달하고자 하는 메시지를 명확히 정리하고, 핵심 포인트마다 감정의 롤러코스터를 심어주었다.

불과 1~2시간 만에 피칭 내용은 완전히 달라졌다. 함께 오셨던 직원분께서 "이렇게 드라마틱한 변화가 바로 보일 줄 몰랐다."고 놀라워하신 장면이 아직도 생생하다. 그리고 정말 감사하게도, 이 대표님은 이후 좋은

성과를 냈고, 6개월 후 내가 포항으로 초청받아 그 기업에서 직접 특강을 하게 되는 인연으로 이어졌다.

그날의 경험은 나에게 큰 확신을 주었다. 집중력을 부르는 스피치는 누구나 훈련으로 만들어낼 수 있으며, 그 변화는 생각보다 빠르고 강력하게 나타날 수 있다는 사실이다. 스피치는 단순한 말하기 기술을 넘어, 사람의 마음을 움직이고 결과를 만들어내는 힘이라는 점을 다시금 깨달은 순간이었다.

내용 상세 보기 ▶

# 제2부

## 치명적인 33가지 실수와 시사점

**김순복**
(한국강사교육진흥원 원장)

## 에피소드 1:
## 철저함의 함정, 혹은 인간적인 실수의 미학

강사의 명예는 철저한 준비에서 비롯된다. 그간 나는 강단에 서는 순간만큼은 완벽함을 추구했다. 강의 내용은 물론이고 복장, 표정, 목소리 톤까지 세심히 계산하였다. 특히 지방 공공기관에 출강할 때면 자켓이 구겨지는 것을 막기 위해 차량 뒷좌석 옷걸이에 걸고 이동하는 습관을 들였다. 마치 전투에 임하는 기사가 갑옷을 손질하듯, 나의 자켓은 강의장 입구에서 착용하는 의식(儀式)의 상징이 되었다.

그러나 인간의 뇌는 때로 치명적인 공백을 선사한다. 그날도 출발 전 차량을 확인하며 강의 자료, 노트북, 명함까지 점검했다. 오로지 자켓만은 의식처럼 차량에 미리 걸어둔 탓에 뒷좌석을 돌아볼 생각조차 하지 않았다. 고속도로를 달리는 동안 나는 청중의 반응을 상상하며 강의 내용만 생각했다.

공공기관 주차장에 도착해 옷을 꺼내려고 뒷좌석을 돌아본 순간, 옷걸이는 텅 비어 있었고, 자켓은 150km 떨어진 집 현관에 외로운 채로 남아 있음을 깨달았다. 가져다 달라고 할 수 있는 거리도 아니고 지방이라 사서 입을 수 있는 여건도 아니었다. 얼굴이 후끈거리고 심장이 쿵쾅거렸다. 평소라면 여유롭게 웃으며 상황을 넘겼을 테지만, 공공기관은 체면과 규정이 철옹성 같은 곳이다.

로비에 서니 안내 직원이 경직된 표정으로 다가왔다. 티셔츠와 슬랙스 차림의 나는 초라한 인형처럼 굳었다. 머릿속으로 수십 가지 변명이 스쳤으나 모두 부질없었다. 결국 허리를 곧추세우고 강단에 섰다. "오늘은 집중력에 관한 강의지만, 제가 먼저 집중력 테스트를 통과하지 못했군요." 첫 마디와 함께 청중의 눈썹이 오르는 것이 보였다.

그날의 강의는 의외의 기록을 남겼다. 평소보다 뜨거운 박수와 적극적인 질문이 쏟아졌다. 한 참가자는 이렇게 말했다. "강사님의 작은 실수가 오히려 인간적이고 믿음직스러웠다."라고. 체면을 구겨봐야 비로소 인간다운 연결이 생김을 배운 순간이었다.

### 교훈의 정수

1. **완벽함은 오히려 취약하다**: 사소한 것일수록 이중·삼중 확인하라. 인간의 뇌는 체계적 망각을 일삼는다.
2. **규범을 넘어서는 인간성의 힘**: 예측 불가의 실수는 때로 진정성의 기회가 된다. 완벽한 가면보다 투명한 약점이 공감을 낳는다.
3. **유연함의 방어막**: 재난은 준비되지 않은 자에게 덫이 되고, 유머러스한 자에게는 무대가 된다.

철저함에 가린 채 잊었던 소박한 진실은 강사는 강단 위의 신이 아니라, 청중과 함께 발을 동동 구르는 인간임을 그날의 티셔츠가 일깨워 줬다.

에피소드 2: 나의 강의 실패담: 성장을 위한 값진 교훈 **221**

강병찬
(가치 안내자)

# 에피소드 2:
# 나의 강의 실패담: 성장을 위한 값진 교훈

강사로서 모든 강의는 청중과의 소중한 교감의 시간이다. 그날도 나는 열정적으로 강의를 진행하고 있었다. 그러나 강의 초반부터 몇몇 청중이 끊임없이 대화를 이어가며 나의 시선을 사로잡았다. 그들의 대화는 잦아들지 않았고, 간간이 웃음소리까지 들려왔다. 이는 나뿐 아니라 주변 청중의 집중을 방해하며 강의 흐름에 큰 부담으로 작용했다.

강의 중반, 인내심이 한계에 다다랐다. 강의의 본질을 훼손하는 것이라

판단, 나는 강의를 멈추고 격앙된 목소리로 말했다. "무엇이 그리도 재미있는 이야기인가? 강의 내내 대화를 나눈다면 강사는 무엇을 생각하겠는가? 주변 분들의 집중을 방해하니 강의장을 나가주시기 바란다." 순간 강의장은 긴장감과 적막함에 휩싸였다. 그들은 "죄송합니다."라고 말했고, 이후 방해는 없었다. 그러나 나의 마음은 편치 않았고, 집으로 돌아오는 길에도 자책감이 가시지 않았다. 그 상황에서 더 나은 대처 방식이 있었음을 깨달았다. "혹시 중요한 이야기를 나누시는 것 같은데, 다른 분들께 방해가 될 수 있으니 잠시 밖에서 대화를 이어가 주시겠습니까?"라고 부드럽게 이야기했더라면 좋았을 것이다. 나의 언어는 너무 직설적이고 감정적이었다. 청중의 집중을 방해하는 행동에 단호해야 하지만, 그 과정에서 청중을 존중하고 강의 분위기를 해치지 않는 현명한 방법이 있었음을 뒤늦게 깨달은 것이다.

이 경험은 나에게 값진 교훈이 되었다. 강의 중 방해가 되는 청중에게는 정중하고 사려 깊게 소통하는 것이 중요함을 몸소 체득한 것이다. 강사는 강의장 에너지를 조율하고 긍정적인 학습 환경을 조성할 책임이 있다. 예상치 못한 상황에서도 감정적 반응보다 침착하고 전문적인 자세로 대처하는 것이 진정한 강사의 역량임을 깨달았다. 이 실패담은 나를 더욱 성숙하고 유연한 강사로 성장시키는 중요한 발판이 되었다.

**강은지**
(페이머스유 이미지메이킹센터 대표)

## 에피소드 3:
## 자각하지 못했던 강사의 착각

    같은 강의를 여러 번 하다 보면 자연스럽게 익숙한 멘트들이 생긴다. 학생들의 반응이 어떻게 나올지 예상되니 강의의 흐름을 주도하기도 쉬워진다. 그런데 그게 문제였다.

    무대 위에서 스포트라이트를 받으며 강의를 하다 보니, 점점 내가 주인공이 된 기분이 들었다. 처음엔 학생들과 소통하며 그들의 반응을 읽는 게 중요하다고 생각했지만, 어느새 내가 원하는 반응을 끌어내려고 하고 있었다. 질문을 던졌을 때 "네!"라는 적극적인 대답을 기대하거나, 예상했던 리액션이 나오지 않으면 답답함을 느끼는 경우가 많아졌다.

그런데 어느 날, 평소처럼 학생들의 반응을 유도하며 강의를 하던 중, 한 학생이 조용히 말했다.
"꼭 그렇게 대답해야 하나요?"

순간 머리를 한 대 맞은 것 같았다. 내가 듣고 싶어 하는 반응만 기대하면서, 정작 학생들의 생각과 방식은 존중하지 않고 있었다. 강사의 역할은 스포트라이트를 독차지하는 게 아니라, 학생들이 주인공이 될 수 있도록 돕는 일이었다.

그날 이후, 나는 강의를 준비할 때 '내가' 어떻게 말할지가 아니라, '학생들이' 어떻게 받아들일지를 먼저 고민하게 됐다. 강의는 결국 학생들이 만들어가는 것이니까.

**강인순**
(에너지를 전하는 따뜻한 울림)

# 에피소드 4:
# 강사의 위기관리 능력:
# 예기치 못한 상황을 기회로 만드는 법

나는 청소년 노동인권 강의를 가기 위해 경기도 광주에 위치한 고등학교로 가던 중이었다. 청소년 노동인권 강의는 준비가 많아서 개인 노트북, 포인터, PPT 지면 출력지, 노트북과 교실 안 모니터를 연결하는 HDMI 케이블선을 반드시 챙겨야 하는 것이 강사의 준비물이다. 늘 다시 보고 다시 확인하여 청소년 강의에 가지고 다니던 것을 누가 건드리지 않았을 것이라는 생각에 가방을 들고 나왔었다.

그렇게 열몇 반 중 한 반을 맡으면서 교실에 입실하고 다 준비되었을 것이라는 안내가 선생님들에게 간 터라 선생님들은 교실에 계시지 않은 상태였다. 이제 준비해야지 하는 순간 가방에서 꺼낸 적 없는 HDMI 케이블선이 보이지 않는 아찔한 상황이 벌어지고 말았다. 노동인권은 아이들이 숙지할 내용이 많아 반드시 화면을 봐야 했던 강의였다. 그래서 그날의 긴장감은 지금도 숨이 멎을 것 같은, 정말 다시는 생각하고 싶지 않은 기억이다.

그날의 대처는 단체 채팅방에 혹시 케이블선 여유가 있는 선생님이 계신지 여쭈어보니, 뭐라 하더라도 강의는 진행하고 보자는 생각에 얼른 받아와서 강의했던 식은땀 나는 일화가 있다. '이것이 왜 빠져 있지?' 저녁에 밥을 먹으면서 이런 일이 있었다고 하니 막내가 열려 있던 가방에서 선을 쭉 잡아 빼놓고 자기 컴퓨터에 선을 꽂아놓았다고 했다.

이런 치명적인 실수는 다시는 하고 싶지 않은, 정말 땀이 줄줄 나고 노동법을 알려줘야 하는데 여러 가지로 걱정스러운 강의였지만 생각보다 아이들이 유연하게 잘 들어준 기억이 난다. 청소년들의 기본법과 노동법은 정확한 정보를 알려줘야 하는 강의라 강사가 이렇게 정신없고 허둥대면 안 되는 것이었다. 이제는 똑같은 실수를 반복하지 않기 위해 목록을 재차 확인하고 긴장하며 살피게 된다. 시간이 지나서 보니 또 강렬한 기억이 된 것은 사실이다.

고유미
(메디컬코칭센터 대표)

## 에피소드 5: 강사에게 시간은 '생명'이다

부산에서 장애인 성교육 강의가 있는 날이었다. 같은 날 저녁 7시에 서울에서 한부모가정 성폭력예방교육 강의 의뢰가 들어왔다. 새벽 6시에 SRT를 타고 출발하여 부산에서 오전 10~12시 사이 강의를 마치고, 강의가 끝나면 택시를 타고 부산역으로 이동하여 부산역에서 1시 30분 SRT를 타고 동탄역에 내려서, 자차 운전을 해서 서울까지 가는 동선을 머릿속에 그렸다.

동탄역에 내려서 4시에 출발하면 서울 강의장까지 넉넉하게 6시에 도착할 것으로 예상했다.

그런데... 그날 경부고속도로에서 사고가 있었고, 차량정체가 극심하여, 고속도로에서 차량이 거북이걸음을 하다가 멈춰서기를 반복했다. '아니, 차가 아무리 막혀도 10분 동안 1m도 나아가지 못하다니...' 1분 간격으로 시계를 보다가 식은땀이 나고 머릿속이 하얘지기 시작했다.

기관 담당자에게 전화했다. 강의 시간이 1시간 30분 남은 상황이었지만, 고속도로에 사고차량이 있어 시간 안에 도착하지 못할 것 같다고 양해를 구했다.

다행히 기관장님도 강사 소개를 할 때, "강사님이 이미 3시간 전에 출발했는데, 오늘 고속도로 사고차량이 있어 교통정체로 조금 늦었다."라고 소개해주셨고, 내가 진행하는 강의 다음 순서였던 프로그램을 먼저 진행해 주셔서 전체 일정에는 차질이 없게 해주셨다.

한부모가정 기관은 혼자서 아이를 키우는 어린 엄마들이 저녁 6시에 퇴근하고 빠르게 도시락을 먹고 7시 교육을 듣기 위해 모여 있었다. 엄마가 교육을 듣는 동안 1~5세의 아이들을 돌봄선생님이 돌봐주고 있었다. 그렇게 귀한 시간 많은 사람들의 도움을 받아서 어렵게 마련한 시간에 지각을 한 나는 송구한 마음에 강의를 어떻게 진행했는지 기억조차 나지 않는다.

'부산 오전 10시 강의, 서울 저녁 7시 강의'를 하루에 가능할 거라고 생각했던 나의 계산은 보기 좋게 빗나갔다. 나는 그 다음부터 부산-서울 강의가 같은 날 의뢰되면, 일정 변경이 가능한지 여쭤보고 변경이 불가능하다면 다른 강사님을 소개해 주거나 아니면 정중하게 거절하는 방법을 선택한다.

고속도로에서 차량사고나 예상치 못한 교통정체도 모두 강사가 감당해야 할 몫이다. 강사에게 시간은 생명이고 신뢰이고 프로의식이다. 나를 기다리는 청중이 100명일 때 1분을 늦으면 100분의 시간을 허비하는 것이다. 그날 이후 나에게 지각이란 없다. 서울에서 오전 10시 강의가 있으면, 차량정체가 시작되기 전에 5시 30분에 출발하여 강의장 근처에 7시에 문여는 카페에 앉아서 우아하게 일을 한다. 교통체증으로 길에서 시간을 소요하고 마음 졸이는 것보다 새벽에 이동하고 시간을 벌어서 쓰는 것을 선택했다.

이렇게 나는 그날의 일을 계기로 무리한 강의 일정은 잡지 않고 강의 시작 1~2시간 전에 도착하여 시간 관리를 철저하게 하는 강사가 되었다. 가끔 해가 뜨지도 않은 새벽에 도착하면 "어머, 강사님, 왜 이렇게 일찍 도착하셨어요?"라고 기관 담당자들이 놀랄 때가 있지만, 나는 그것이 서로에게 훨씬 안전한 방법이라는 것을 알고 있다. 한 번의 지각사건으로 인해 나는 시간 관리의 프로가 되었다. 강사에게 시간은 '생명'이다.

김수연
(마음토닥힐링강사)

## 에피소드 6:
## 청중을 얼어붙게 만든 강의, 그 뼈아픈 기억

강사 초창기 시절, 나는 운좋게도 한 기업에서 중요한 강의를 맡게 되었다. '이번 강의만 잘하면 강사로서 탄탄대로다!' 하는 마음에 선배 강사의 도움도 받고 밤새 PPT를 다듬고, 내용을 외우며, 거울 앞에서 제스처까지 연습을 했다. 준비는 완벽했다. 하지만 문제는… 내 강의가 아니었다.

당일 강의장에 들어서니 예상과는 전혀 다른 분위기였다. 나는 '기본 개념부터 차근차근 설명하면 좋겠다' 싶어 이론을 하나하나 정리하며 말을 이어 갔는데 시간이 흐를수록 청강자들의 표정이 점점 굳어지는게 보였다. 어떤 분은 팔짱을 끼고 한숨을 쉬었고, 뒷자리에서는 누군가 슬며시 스마트폰을 꺼내는 모습도 보였다. 심지어 한 분은 눈을 감고 계시는데 '아, 몰입이 장난 아닌데? 그래도 나는 내 목소리에 집중하며 듣고 계신 거겠지…' 라고 애써 위안했지만, 그분은 5분 후 꾸벅꾸벅 졸기 시작했다.

그제야 깨달았다. '이분들은 실무 경험이 풍부한 전문가들인데, 내가 너무 기초적인 내용을 설명하고 있구나!' 당황한 나는 급하게 분위기를 전환하러 질문을 던졌다. "자, 그러면 여기까지 이해되셨죠? 혹시 질문 있으신 분?" 하지만 돌아온 건 정적과 어색한 눈 맞춤뿐. 아, 이번 내 강의는 실패다….

강의가 끝난 후 받은 피드백은 나의 가슴을 후벼 팠다. 담당자가 하는 말 "내용이 너무 기초적이라 실질적인 도움이 되지 않았던 것 같아요" 그제서야 나는 강사의 가장 중요한 역량 중 하나가 '청중을 읽는 능력'이라는 걸 뼈저리게 깨달았다.

이후로 나는 강의 전에 철저히 청중 분석을 하는 습관이 생겼고, 사전 설문을 받거나, 담당자와 인터뷰를 하며 그들의 수준과 기대치를 파악하기 시작했다. 그리고 강의 시작 전 간단한 대화를 나누며 분위기를 체크하는 것도 잊지 않고 있다.

그날의 실패는 영원히 잊을 수 없지만, 덕분에 나는 더 나은 강사가 될 수 있었고 이제는 강의장에서 조는 사람을 보면 '아, 이건 내 책임이다!'라고 생각하며 즉각 전략을 바꿔서 강의와 상관 없기는 하지만 유쾌한 이야기로 분위기를 전환하는 여유도 생겼다. 지금은 그래서 그날 나의 강의 중에 졸고 계셨던 그분에게 감사하고 있다. 덕분에 이제 나는 청중과 함께 살아 숨 쉬는 강의를 할 수 있는 강사가 되었으니까!

김순화
(동명대학교 평생교육원 주임교수)

# 에피소드 7:
# 감정의 컨트롤

 난 하루의 시작의 컨디션이 하루의 수업을 좌우한다. 이것이 나의 실패담이다. 나의 감정의 슬픔과 기쁨과 희노애락이 수업에 좌우된다. 항상 수업할 때 하루의 일 과중 힘 든 일이 있을 때 표시를 내지 말아야지 하며 제어한다.

 집중의 단어를 생각한다. 학생들의 눈을 바라본다. 머릿속에서는 잊어버리려는 힘든 일의 생각들이 자리 잡을 때면 나의 웃음은 사라지고 그냥 수업만 하고 있었다.

　집중의 단어는 학생들한테만 필요한 것이 아니다. 제일 집중이 필요한 분은 바로 선생님이다. 집중의 단어를 생각하고 나 자신도 모르게 열정적인 수업에 몰입하다가 어느 순간 나의 모습을 발견하게 된다. 나를 모습을 지켜본다. 나의 강의 모습과 나의 컨디션의 모습을. 힘들다. 오늘 하루의 힘듦이 강의시간에 자연스럽게 나오지 않게 나를 최면에 건다. 나의 삶의 목적이 일부분 강의가 되면 정말 감사하다. 하지만 나의 컨디션을 어떤 일로 잃어버릴 땐 나만의 수업의 호흡법에 집중한다. 나만의 수업의 호흡법은 학생들의 소리를 듣지 못한다. 그럴 땐 수업의 흐름이 끊긴다. 나의수업의 단점은 나의 하루의 즐거움과 웃음에서 결정된다.

　어느 날 수업의 학생 수가 1명이었다. 어떡하지? 휴강할까? 어떤 수업 하지?개인레슨? 어쩌다 한 명이지? 이 수업 어떡하지? 여러 가지 생각을 상상을 짧은 시간에 정리하여 수업을 진행한다. 1명이든 10명이든 100명이든 그 수업에 맡는 수업의 주제를 인원수에 맡게 지도하는 방법을 알게 되었다. 여러분들도 나름의 방법을 터득하길 바란다.

　웃음 가득한 수업을 할 때 나 또한 인간이 희로애락의 감정의 컨트롤을 잃어버리고 우뚝 선 명품강사로서의 무대에서 나의 진실한 나의 모습으로 수업한다.

　하루의 에너지가 수업에 반영될 때 나도 느낀다. 학생의 마음을. 그래서 나의 단점은 나의 컨디션이다. 하지만 단점이 장점이 될 수 있다고 생각한다. 학생들과의 수업의 공감을 위해 나의 컨트롤이 제일 중요하기에 나를 다스리는 그것부터 명품강사로서의 시작이다. 오늘 하루도 수업을 마치면 명품강사로서 얼굴의 즐거움이 표현되고 활력이 넘친다. 단점이자 장점인 나의 컨트롤을 아직도 힘들며 도를 닦는 공부다.

## 에피소드 8:
## 실패 사례: 공감을 놓친 순간

　나는 아이에게 집중력을 키워주기 위해 '작은 성공 체험'을 시도하려 했다. 하지만 한 가지 중요한 요소를 간과했다. 바로 아이의 연령대였다.

　어느 날, 나는 한 학생에게 "이제 30분 동안 집중해서 이 문제를 풀어 보자."고 제안했다. 하지만 아이는 금세 지루해하며 집중력을 잃었다. 나는 아이가 태도가 부족하다고 생각하며 "조금만 더 노력해 보자"라고 독려했지만, 아이는 더욱 흥미를 잃었다.

나중에서야 나는 아이의 연령대에 맞지 않는 목표를 제시했다는 사실을 깨달았다. 초등 저학년 아이에게 30분 동안 집중하도록 요구하는 것은 과한 부담이었다. 이때 나는 공감의 중요성을 간과하고 있었다. 아이의 입장에서 생각하고, 연령대에 맞는 작은 목표부터 제시해야 했던 것이다. 만약 "5분 동안 한 문제만 풀어보자."라고 했더라면, 아이는 작은 성공을 경험하며 집중력을 조금씩 키울 수 있었을 것이다.

이 경험을 통해 나는 공감과 맞춤형 목표 설정이 집중력 향상의 핵심이라는 것을 다시금 깨달았다.

박경순
(브릿지교육연구소 성교육 전문 강사)

## 에피소드 9:
## 근거 없는 자만심이 실패를 부른다

강사 초보때라 아무래도 수십 번의 강의 자료 검토와 연습은 필수였다. 며칠 동안 초등 고학년을 위한 성교육에 대한 PPT 내용을 열심히 작성했다. 아직 10일이 남아있는 상태라 이제 이 내용으로 브리핑을 해 보면 된다고 계산하며, 타이머를 두고 초등학교 수업시간인 40분에 세팅을 하고 브리핑 시작~.

학교 방과후 수업을 10여 년 해 왔던 나로서는 누군가 앞에서 하는 강의에 대한 근거 없는 자신감이 있었다. 이 정도야 뭐! 그런데… 그런데… 그런데… 말이 나오지 않았다. 분명 강의 자료를 수십번 반복 작성하면서 외웠던 내용인데 말이 나오지 않았다. 정확히 말하자면 에드립이 나오지 않는 것이다.

우리 강사들이 앵무새도 아니고 PPT 내용 읽어주려고 강의를 하는게 아닌데…. PPT 한 장면마다 정확한 워딩과 알맞은 내용, 추가 에드립이 있어야 하는 걸 아는데. 후우! 혼자 연습 브리핑을 겨우 겨우 20분 정도 하다가 머릿속이 하얘진 상태로 브리핑을 접었다.

그리고 그날 뜬 눈으로 날을 새면서 결심했다. 난 강사 체질이 아닌가 보다. 이 길이 아니었어. 내일 당장 이 강의 못한다고 학교에 말해야겠어. 아침에 부운 눈을 뜨고 겨우 일어나 학교에 강의 거절 전화를 하려는 순간, 다른 중학교에서 연락이 왔다. 강의를 해 달라고. 아 이게 무슨 일이지? 너는 강의를 해야 한다는 신의 계시인가?

나는 밝혀지지않은 신의 계시(?)로 하는 수 없이 두 군데 수업을 받아서 열심히 강의 연습에 들어갔다. 지나치게 설명식으로 써 놨던 강의내용도 간단 명료하게 바꾸고, 최대한 간결하고 명쾌한 느낌의 PPT 사진을 첨부했다. 그리고 무엇보다 주위의 많은 사람 앞에서 브리핑을 해 보았다.

강의를 잘 하는 방법은 많은 사람 앞에 서서 실제 강의하듯이 해 봐야 한다는 선배 말이 틀리지 않았다. 50번 이상 강의를 하고 나서야 이제 겨우 뭔가 감이 잡히는 것 같았다.

지금도 강의할 때마다 그때를 상기하며 준비를 철저히 하려한다. 그리고 강의하러 가기 전에 아주 먼 지역만 아니면 미리 강의 현장을 답사해 보는 것이 실패를 줄이고 자신감을 업 시키는 방법이 되었다.

**박진연**
(Mom's College 대표)

## 에피소드 10:
## 강의 중 기술 문제 발생?
## 당황하지 않고 대처하는 시청각 자료 활용 노하우

유튜브 광고가 건너뛸 수 없는 상태가 계속되어 수업시간에 당황하여 망친 적이 있었다. 다행히도 내는 수업에 필요한 것을 숙지하고 있었고, 영상을 보지 않고도 설명은 잘했지만 당시에는 엄청 당황했다.

수업에 필요한 시청각 교재의 점검은 필수이다. 학교에서 사용하는 것보다 내가 갖고 있는 노트북 사양이 높아서 USB 케이블이 호환되지 않았지만, 그럴지도 모른다고 예측하고 있었기에 여러 가지 방법을 동원하여 수업에 지장이 없도록 할 수 있었다.

앞의 이야기처럼 유튜브 광고 건너뛰기가 되지 않는 경우에는 다음과 같은 조치를 시도해볼 수 있다.

- **광고 차단 앱 설치**: 광고 차단 앱을 이용하면 유튜브 앱이나 웹사이트에서 광고를 제거할 수 있다. 이를 통해 원활한 동영상 시청이 가능하다.
- **VPN 사용**: VPN을 사용하여 암호화된 네트워크 연결을 설정하면 광고가 탐지되지 않고 빠르고 안전하게 건너뛰기를 할 수 있다.
- **브라우저 캐시 및 쿠키 삭제**: 브라우저의 캐시와 쿠키를 삭제하면 광고가 새로고침되어 정상적으로 작동할 수 있다.

마지막으로 3번(쿠키, 캐시 제거)을 시도해 본다. 보통 해결된다. 어깨너머로 배우기보다는 전문 강사들은 제대로 활용법을 배워야 한다고 결심하게 만들었던 경험이다.

배혜숙
(행복 성공 진로 코치)

## 에피소드 11:
## 문제는 학생이 아니라 강사에게 있었다:
## 맞춤형 교육으로 이끈 교실의 변곡점

나는 2024년에 어느 중학교에서 6개 반을 대상으로 진로 수업을 진행했다. 반마다 분위기가 달랐는데, 어떤 반은 차분하게 따라오는 반면, 어떤 반은 활동적이고 산만했다. 특히 한 반에서는 일부 학생들이 수업에 전혀 반응하지 않고 이상한 소리를 내며 분위기를 흐려 놓는 바람에 진행이 어려웠다. 이로 인해서 매 수업시간마다 스트레스를 받고 있었는데, 어느 날, 한 여학생이 "AI를 활용해 자신의 강점 지능과 관련된 직업을 탐색하면 어떨까요?"라고 제안했다. 그래서 그다음 시간에 학생들에게 핸드폰을 가져오게 한 후, 생성형 AI를 활용한 진로 탐색 활동을 진행했다. 놀랍게도, 수업에 관심을 별로 보이지 않던 학생들이 적극적으로 참여하기 시작했다. 나는 그제서야 깨달았다. 문제는 학생들이 아니라, 내가 정해둔 수업 방식의 틀에 있었다는 것을.

그 이후로, 나는 학생들의 성향을 세심하게 파악하고, 각 반의 특성에 맞춰 수업 방식을 바꿔서 적용하기 시작했다. 그러자 학생들의 반응이 훨씬 좋아졌다. 학생들의 참여도가 높아짐에 따라 수업에 대한 집중도도 자연스럽게 향상되었다. 나는 여기에서 학생들의 태도를 바꾸려 하기보다, 내가 먼저 유연한 강사로 변화해야 한다는 중요한 교훈을 얻었다. 그때부터 지금까지, 나는 학생들의 다양한 특성을 고려한 맞춤형 강의를 진행해왔다. 앞으로도 계속 이런 패턴을 유지하도록 노력할 것이다. 강사인 나와 내 강의를 듣는 학생들의 진정한 행복과 성공을 위해, 그리고 흥미있는 수업을 위해.

**백은정**
(다옴교육컨설팅 대표)

# 에피소드 12:
# 방해물 제거 실패

    이제 대한민국은 초고령화사회로 접어들었다. 그래서 노년 인구가 많아지고 시니어 일자리, 경로당 활성화 사업 등 어르신들의 프로그램들이 늘어나고 있다.

    나는 청소년 교육 강의도 하고 있지만 어르신 대상으로 "터링"이라는 뉴 스포츠를 가지고 경로당 수업을 다닌다. 경로당의 고스톱 문화를 없애기 위해 개발한 '놀이 스포츠'이다. 이제 알려지기 시작해서 잘 모르는 분들이 많다. 경로당을 방문하니 걱정했던 그대로였다. 한 곳에는 남자 어르신들이 고스톱을 치고 계셨고, 다른 곳에는 여자 어르신들이 고스톱을 치고 계시고, 다른 곳에는 TV를 보고 계셨다. "터링" 수업을 하러 왔다고 해도 시큰둥했다. 경로당 회장님, 총무님이 같이 해보자고 해도 별 반응이 없었다. 처음 방문했는데 너무 당황스러워 식은땀이 났던 아찔한 기억이 새록새록 떠오른다.

그래도 호기심과 관심을 보이는 몇 분이 오셔서 "이기 뭐꼬~?" 하는 분들만 모시고 수업을 진행하였다. '나는 관심 없다.' 하시는 분들은 계속 고스톱을 치고 계시고 옆에서 수업을 하려니 집중도 안 되고 분위기도 안 좋았다. 첫 수업을 그렇게 망치고 와서 많은 생각이 들었다. '이렇게 해서는 수업이 안 되겠다.' 싶어 2번째 수업을 갔을 때는 모든 어르신들을 모셔놓고 제가 수업하러 온 이유와 수업 방향에 대해 설명하고 지켜 달라고 양해 말씀을 하고 수업을 진행하였다.

그 이후 반전~ 분위기가 정말 달라졌다. '와~ 이런 게 다 있었네!', '재미있네~', '마음대로 안 되네~' 관심 없어 했던 어르신들도 한두 명씩 관심을 보이기 시작하고 게임의 재미와 응원이 더해져서 제가 하는 수업 시간만큼은 모두 한마음이 되어 즐거운 시간이 되었다.

처음 방문했을 때, 어르신들의 연령대와 분위기를 빨리 파악해서 그에 맞는 수업을 진행하는 것이 어르신들을 자연스럽게 몰입시키고 적극적으로 참여할 수 있도록 이끄는 것이 진정한 강사의 역량이라고 생각한다.

서희경
(AI강사, 컨설턴트)

## 에피소드 13:
## 실패에서 배운 강의의 본질:
## 쉽고 재미있게, 천천히

처음 AI 교육 강의를 시작했을 때, 나는 '수강생에게 최대한 많은 정보를 전달해야 한다'는 사명감으로 가득 차 있었다. AI는 워낙 빠르게 변화하는 분야고, 기술도 방대하다. 그래서 내 나름대로 정말 열심히 준비했다. 수업 초반 10분 안에 'AI란 무엇인가'부터 시작해서, 머신러닝, 딥러닝의 차이점, 알고리즘 구조까지 몰아넣듯 설명했던 기억이 난다.

"좀 어렵게 느껴지더라도 이건 꼭 이해하셨으면 한다!"라는 말이 입에 달라붙다시피 했다. 슬라이드는 텍스트로 가득했고, 데모는 복잡했으며, 전문 용어는 줄줄이 이어졌다. 당시의 나는 수강생이 따라올 수 있느냐보다는, 내가 다 전달했느냐를 더 중요하게 생각했던 것 같다.

그 결과는… 예상 밖이었다. 수업이 끝난 뒤 받은 피드백에는 이런 말들이 있었다. "처음부터 너무 어렵게 시작해서 자신감을 잃었어요." "이해는 잘 안 됐지만, 선생님이 열정적인 건 느껴졌어요." "다음 시간부터는 조금만 천천히 해주시면 좋겠어요."

처음엔 좀 억울했다. '이 정도는 알려줘야 수업의 깊이가 생기는데….'라는 생각이 들었다. 하지만 시간이 지나고, 다른 강사분들의 수업도 관찰해보면서 내 강의에 문제가 있었음을 서서히 깨달았다.

한 번은 이런 일이 있었다. 간단한 AI 이미지 생성 체험 수업을 진행한 적이 있었는데, 그날은 일부러 이론 설명을 최소화하고, "자, 이제 ChatGPT에서 한번 직접 그림을 만들어볼까요?" 하고 바로 실습부터 시작했다. 내 설명 대신 수강생들의 감탄이 먼저 터졌고, "우와 진짜 되네요!", "이거 저장해도 돼요?", "이거 제 SNS에 올려도 될까요?" 같은 반응이 쏟아졌다. 그때 나는 처음으로 실감했다. '강의는 내가 많이 아는 것을 뽐내는 자리가 아니라, 수강생들이 스스로 흥미를 갖고 움직이게 하는 과정이구나.'

그 후로 나는 조금 달라졌다. '어렵고 많은 지식'보다 '쉽고 즐거운 경험'을 먼저 줄 수 있도록 구성하고, 이론은 그 안에서 자연스럽게 스며들게 만들려고 노력하고 있다. 어렵지만 중요한 개념도, 간단한 질문이나 흥미로운 퀴즈를 활용해 접근하면 훨씬 더 잘 전달된다.

물론 여전히 욕심은 난다. 알려주고 싶은 게 너무 많다. 하지만 요즘은 이렇게 생각한다. "한 번의 수업으로 모든 걸 알려줄 순 없어도, 한 번의 수업으로 누군가가 AI에 흥미를 갖게 만들 수는 있다."

지금 내 강의 철학은, 어렵고 많은 것을 빠르게 전달하는 게 아니라, 쉬운 경험 속에 중요한 개념을 녹여내는 것이다. 그 안에서 수강생들이 웃고, 놀라고, 스스로 질문할 수 있다면 그게 가장 강력한 배움의 시작이라는 걸 깨달았다.

실패를 통해 배운 이 교훈은, 지금의 나를 한층 더 나은 강사로 만들어 줄 것이라고 생각한다. 그리고 앞으로도 이 방향으로 계속 성장해 나가고 싶다.

금채 손예주
(금채 대표)

## 에피소드 14:
## 강의의 골든타임:
## 몰입을 살리는 최소 이론, 최대 경험

'모든 학습자가 오늘 생명을 살리는 두 손의 기적을 이루리라!'고 간호사이자 보건관리자 출신 강사인 나는 자신만만했다. 40분짜리 심폐소생술 교육에서 '더 많은 사례와 스킬, 노하우를 전달해야 한다'는 욕심에 실습 시간을 줄이고 이론을 늘렸다. 나는 심폐소생술의 중요성을 강조하고 싶었고, 내가 가진 모든 지식을 교육생들에게 쏟아붓는 것이 강사로서의 사명이라고 생각했다. 슬라이드는 빼곡했고, 전문 용어와 복잡한 설명이 이어졌다. 교육생들이 조금이라도 더 많은 정보를 얻어가기를 바랐던 내 마음이었다.

하지만 강의가 진행될수록 교육생들의 자세는 흐트러졌고, 눈빛은 점점 흐려졌다. 처음의 진지함은 사라지고, 시선은 허공을 헤매는 모습이 역력했다. 나는 그제야 깨달았다. '내 강의는 그들의 골든타임을 앗아갔구나!'라고. 생명을 살리는 기술인 심폐소생술은 이론만으로는 결코 습득될 수 없는, 오직 몸으로 체득해야 하는 실천적인 지식이다. 몰입이 깨진 교육은 어떤 지식도 살릴 수 없다는 것을 온몸으로 느낀 순간이었다. 교육생들의 집중력이 흐트러지는 그 순간, 나는 그들이 실제 위기 상황에서 '골든타임'을 놓치게 될지도 모른다는 섬뜩한 생각마저 들었다.

이 경험을 통해 나는 강의의 본질에 대해 다시 생각하게 되었다. 진정한 '몰입 심폐소생술'은 핵심만 남기고 불필요한 것을 과감히 제거하면서 '골든타임을 장악하는 것'이라는 깨달음도 얻었다. 강사가 많은 것을 전달하기보다는 동기부여로 학습의 몰입을 높임으로써 학습자가 배우고 익힌 것을 실제 적용할 수 있도록 돕는 것이 중요하다. 이제 나는 이론을 최소화하고, 동기를 부여하면서 실습과 경험을 극대화하는 방향으로 강의를 재구성한다. 학습자들이 직접 몸으로 부딪히고 느끼며, 스스로 깨닫는 과정 속에서 진정한 배움이 일어난다. 이 소중한 교훈은 앞으로 내가 어떤 강의를 하든, 학습자의 '골든타임'을 살리는 데 집중하는 강사가 되도록 이끌어 줄 것이다.

손주혜
(앙상블 코치)

## 에피소드 15:
## 강의는 마라톤이다: 지치지 않는 소통과 효율적인 배분으로 완주하는 법

강의를 시작한 지 얼마 되지 않았을 무렵, 나는 6시간이라는 긴 학교 강의를 준비하게 되었다. 이제 막 강사로서의 발걸음을 뗀 나는, 강의를 잘하고 싶다는 마음에 그야말로 모든 것을 쏟아부었다. 방대한 자료를 수집하고, 슬라이드를 빼곡히 채우며, 나만이 줄 수 있는 모든 지식과 정보를 학생들에게 전달하려 야심 차게 강의실로 향했다. 완벽한 준비가 곧 성공적인 강의라고 굳게 믿었던 때였다.

하지만 현실은 내 예상과 달랐다. 강의가 시작되고 시간이 흐를수록 학생들은 점점 힘들어하는 기색을 보였다. 내가 준비한 내용이 너무 많았기에, 자연스럽게 말은 빨라졌고, 학생들은 그 속도를 따라오지 못하고 점점 지쳐갔다. 청강자들의 눈높이와 그들이 소화할 수 있는 양을 고려했어야 했는데, 당시의 나는 그저 '많은 것을 전달하는 것'이 '강의를 잘하는 것'이라고 착각하고 있었다.

시간은 속절없이 흘러 5교시쯤 되니, 학생들은 하나둘씩 엎드리기 시작했다. 생기 넘쳐야 할 강의실은 마치 긴 설교가 끝없이 이어지는 예배당처럼 침묵과 피로감으로 가득 찼다. 그 모습을 보며 나는 정말 울고 싶었고, 당장이라도 강의를 멈추고 집에 가고 싶은 마음이었다. 나의 열정이 오히려 학생들을 지치게 만들고 있다는 사실이 너무나도 괴로웠다.

그때서야 나는 깨달았다. 긴 시간의 강의는 단순히 지식을 나열하는 것이 아니라, 강사의 에너지 배분과 학생들과의 상호작용이 얼마나 중요한지를 말이다. 많은 양을 억지로 밀어 넣기보다는, 단 하나라도 학생들이 제대로 이해하고 기억할 수 있는 방법을 찾아야 했다. 일방적인 전달이 아닌, 학생들과 함께 호흡하고 질문하며 참여를 유도하는 수업을 준비했어야 했다. 6시간이라는 긴 시간 동안 나의 '설교'를 들어야 했던 학생들에게 미안한 마음 금할 길이 없었다.

이 경험은 나에게 깊은 교훈을 주었다. 강의는 단거리 경주가 아니라 마라톤과 같다는 것을 말이다. 강사는 자신의 에너지를 효율적으로 배분하고, 청중의 반응을 살피며 끊임없이 소통해야 한다. 이 날의 '실패'는 나를 더욱 성장시키는 밑거름이 되었다. 이제 나는 강의를 준비할 때, '얼마나 많은 것을 줄까'?가 아니라 '어떻게 하면 학생들이 지치지 않고 흥미롭게 참여하며, 단 하나라도 제대로 얻어갈 수 있을까?'를 가장 먼저 고민한다. 이 경험은 에너지 배분과 상호작용이 강의의 중요한 부분임을 알려준, 잊을 수 없는 시간이었다.

**신혜섭**
(꿈이룸코칭센터 대표)

# 에피소드 16:
# 강의의 본질: '괜찮은 강의'를 위한 강사의 보이지 않는 시간

대학 졸업 후 입시학원과 교육기관에서 아이들을 가르치며 보냈던 15년의 긴 시간 끝에, 나는 깊은 번아웃을 경험했다. 매일같이 쏟아붓는 에너지와 끊임없는 준비는 나를 지치게 했고, 결국 잠시 현장을 떠나 상담과 코칭을 공부하며 나 자신을 돌아보는 시간을 가졌다. 그렇게 3년 정도 강의 현장에서 잠시 멀어졌고, 다시 학교 현장에서 진로 강의를 시작할 무렵, 나는 오랜만에 강단에 설 기회를 얻어 설레는 마음이 앞섰다. 하지만 그 설렘 때문에 주어진 상황을 제대로 판단하지 못했다. 짧은 시간 동안 지나치게 많은 분량의 진로 강의를 맡게 된 것이다.

강의 의뢰를 받고 준비할 수 있는 기간은 고작 하루였다. 밤을 새워 강의안을 구성해 출강을 했지만, 결과는 예상대로 최악이었다. 밤샘 준비에도 불구하고, 강의실에 들어서는 순간부터 왠지 모를 불안감이 엄습했다. 학생들의 눈빛은 기대감으로 빛났지만, 나의 마음은 무거웠다.

예상대로 강의는 매끄럽지 못했다. 미흡한 준비와 부족한 시간으로 인해 내가 꿈꾸던 '쉽고, 재밌고, 알찬 강의'는 온데간데없고, '난해하고, 지루하고, 속 빈 강정 같은 강의'가 되어버렸다. 아이들의 순수한 눈빛을 마주할 때마다 나의 부족함이 더욱 선명하게 느껴졌다. 그들에게 유익한 시간을 제공하지 못했다는 자책감과 미안함에 마음이 아팠다.

그날 학교 교문을 나서는 발걸음은 천근만근 무거웠다. 집으로 향하는 길 내내 후회와 자책이 나를 덮쳤다. 그리고 결심했다. 만약 다시 이런 식으로 무리한 상황에서 강의를 하게 된다면, 차라리 강단에 영원히 서지 않겠다고. 나의 자존심뿐만 아니라, 학생들에게 미안한 마음이 너무나 컸기 때문이다. 그 이후로 나는 무리한 상황의 강의 의뢰는 절대로 맡지 않게 되었다.

이 아픈 경험을 통해 나는 중요한 교훈을 얻었다. 어떤 강의든, 강의를 준비하는 시간이 강의하는 시간보다 훨씬 길어야 한다는 것이다. 강단 위에서 빛나는 찰나의 순간을 위해, 강사는 보이지 않는 곳에서 수많은 시간을 투자해야 한다. 그래야 비로소 '쉽고, 재밌고, 알찬 강의'를 준비하는 '괜찮은 강사'가 되어, 청중에게 진정으로 유익한 '괜찮은 강의'를 선사할 수 있다는 것을 깨달았다. 이 깨달음은 나를 더욱 단단하고 책임감 있는 강사로 성장시켰다.

**안순화**
(수화파이프 대표, (주)원원긍정컨설팅 교수)

## 에피소드 17:
## 예상 질문을 무시한 대가

나는 한 번의 강의로 기업 교육 시장에서 확고한 입지를 다질 기회를 잃었다. 그날 나는 한 대기업의 임원진을 대상으로 리더십 강의를 진행하고 있었다. 준비한 콘텐츠는 철저했고, 발표 자료도 완벽했다. 그러나 강의 중 한 임원이 "실제 현장에서 적용할 구체적인 방법을 예시로 들어달라"는 질문을 던졌을 때, 나는 순간 당황했다.

내가 준비한 자료에는 이론과 사례 연구가 많았지만, 즉각적인 실무 적용 사례를 충분히 고려하지 않았다. 나는 질문을 얼버무리며 강의를 계속 진행했지만, 그 순간부터 분위기가 싸늘해졌다. 강의가 끝난 후, 담당자로부터 "강연 내용이 이론적이었지만 실무에 적용하기 어려웠다"는 피드백을 받았다. 결국, 추가 강의 기회를 잃었고, 기업 교육 시장에서 신뢰를 얻는 데 오랜 시간이 걸렸다.

이 경험을 통해 나는 강의 내용만이 아니라 예상 질문까지 철저히 준비해야 한다는 교훈을 얻었다. 이후부터는 청중의 입장에서 가장 궁금할 법한 질문을 미리 정리하고, 이에 대한 구체적인 사례와 해결책을 준비하는 습관을 들였다. 강사라면 자신이 전달할 내용뿐만 아니라, 청중이 원하는 답까지 준비해야 한다. 강의는 일방적 전달이 아니라, 소통이다.

**유경화**
(드림AI콘텐츠연구소 소장)

## 에피소드 18:
## 목소리, 강의의 가장 강력한 무기:
## 내 안의 가능성을 깨우는 법

첫 강의를 시작했을 때, 나는 심하게 떨리는 목소리와 단조로운 톤 때문에 고생했다. 준비한 내용은 많았지만, 나의 불안정한 목소리는 메시지의 힘을 반감시켰다. 청중의 시선이 부담스러웠고, 내 목소리가 너무나 작고 힘없이 느껴졌다. '과연 이 목소리로 사람들의 마음을 움직일 수 있을까?' 하는 의구심이 들기도 했다. 하지만 나는 포기하지 않았다. 인내심을 갖고 조금씩 개선해 나갔다. 발성 연습을 꾸준히 하고, 다양한 톤과 강약을 시도하며 내 목소리의 잠재력을 탐색했다. 때로는 녹음된 내 목소리를 들으며 어색함에 몸서리치기도 했지만, 단점을 보완하고 장점을 살리기 위해 끊임없이 노력했다.

그 결과, 이제는 목소리가 내 강의의 가장 강력한 무기가 되었다. 자신감 있는 울림과 메시지의 강약 조절은 청중의 집중을 유도하고, 감정의 변화는 공감을 이끌어낸다. 나의 목소리는 단순히 정보를 전달하는 도구를 넘어, 청중과 나를 연결하는 다리가 되었다. 이제 나는 목소리를 통해 내가 전하고자 하는 메시지에 생명을 불어넣고, 청중의 마음에 깊이 각인시키는 방법을 안다.

이 책을 읽는 모든 강사와 발표자 여러분, 이제 당신의 목소리에 담긴 무한한 가능성을 발견하고 활용할 차례이다. 당신의 목소리는 당신의 메시지를 더욱 강력하게 만들고, 청중에게 깊은 인상을 남길 수 있는 가장 직접적인 도구이다. 두려워하지 말고, 당신의 목소리를 탐험하고 훈련하라. 그 과정에서 당신은 미처 알지 못했던 당신만의 매력과 힘을 발견하게 될 것이다. 여러분의 목소리로 청중의 마음을 사로잡고, 그들의 인생에 의미 있는 변화를 만들기를 진심으로 바란다. 여러분이 전하는 메시지가 청중의 가슴에 울려 퍼질 수 있기를 진심으로 응원하는 마음을 담아 이 글을 보낸다.

**유창옥**
(희망디자이너)

## 에피소드 19:
## 음악이 없는 춤은 앙꼬없는 찐빵인가?

어느 화창한 봄날, 나는 어르신들을 위한 소통 강의를 위해 만반의 준비를 마쳤다. 강의실에 도착하여 오늘 강의에 사용할 PPT가 담긴 USB를 점검하려 담당자를 찾았지만, 처음 방문하는 장소라 쉽게 찾을 수 없었다. 그렇게 시간은 흘러 강의 시작 시간이 임박했고, 담당자가 강의 시작 직전에 도착하는 바람에 USB 내용을 확인할 시간은 전혀 없었다. 일단 걱정을 안고 강의를 시작했다. 그런데 아이스 브레이킹으로 준비한 신나는 박수유도 음악이 먹통이 된 것이었다.

나는 순간 황당함과 함께 극심한 당황스러움을 느꼈다. 강의실 컴퓨터와 연결된 음향 시스템이 전혀 작동하지 않았던 것이다. 멋진 강의를 펼치겠다는 나의 목표는 완전히 어긋나고 말았다. 간신히 육성으로 그 아찔한 순간을 모면했지만, 청중 앞에서 완벽한 모습을 보이고 싶었던 나의 바람은 산산조각 났다. 순식간에 분위기가 가라앉는 것을 느끼며, 강사로서의 자신감마저 흔들리는 듯했다.

　　나는 그날 이후 '더 이상의 똑같은 실수는 절대 안 된다'고 굳게 다짐했다. 그 문제가 발생한 날부터 나는 반드시 강의 시작 1시간 전에 강의장에 도착하여 현장 시스템을 꼼꼼히 확인한다. 프로젝터 연결 상태, 음향 시스템 작동 여부, 인터넷 연결 상태, 그리고 내 노트북과의 호환성까지, 사소한 부분 하나하나 놓치지 않고 점검한다. 혹시 모를 상황에 대비하여 백업 자료를 준비하는 것도 습관이 되었다.

　　그날의 경험을 반면교사 삼아, 이제는 어떠한 문제도 발생하지 않도록 철저히 대비하며 강의 활동을 하고 있다. 이번 실패는 강사가 발생할 수 있는 모든 잠재적 문제를 사전에 확인하고, 예측하며, 적절히 조치해야만 비로소 원하는 멋진 강의를 펼칠 수 있다는 소중한 교훈을 안겨주었다. 나의 강사 인생에서 잊을 수 없는 한 페이지가 된 그 경험 덕분에, 나는 이제 어떤 현장에서도 흔들림 없이 강의를 진행할 수 있는 지혜를 얻었다. 강의 현장의 '골든타임'은 바로 강사가 미리 도착하여 모든 것을 점검하는 그 시간에 달려 있다는 것을 깨달았다.

**이경호**
(콘텐츠기획자협회 회장)

## 에피소드 20:
## 몰입의 행복감과 거리가 먼 집중력 저하

2005년 한여름, 나는 입시종합학원을 운영하며 강의 경력 또한 3년 차가 넘어서면서 나름의 강의에 대한 자긍심이 한창이던 때였다. 그때의 실수담이 강사님들께 도움이 되기를 바라며 기억을 떠올려 본다. 최우수 성적을 유지하는 학생들을 지도하며 하루도 빠짐없이 강의 전 예상 질문 분석과 강의 전 리허설을 진행했다. 이러한 노력은 성인 대상 강의로도 이어지며 나 자신의 성장을 이룰 수 있었다.

집중을 위한 스팟으로 강의 시작과 동시에 10분여 가벼운 신체활동과 키워드 게임으로 웃고 토론했다. 지난 시간의 강의 내용에 대한 복습으로 시작하여 20~30여 분 후 집중력이 저하될 무렵에는 오늘 배운 내용에 대한 기억력 강화를 위한 "나도 강사가 되어보기" 시간을 가졌다. 이로써 학생들은 몰입의 단계로 행복감에 젖어들었다.

반면에 중간 정도의 성적을 유지하는 학생들은 집중력 유지 시간이 현저히 짧았다. 이들은 신체활동과 게임에만 몰두하고, 본 수업에는 집중을 유지하지 못했다. 시험 기간은 다가오고 진도를 맞추며 성적을 올리기 위해 늦은 시간까지 일방적인 암기 위주의 교육을 진행했다. 3년 차 강의에 대한 자만감으로 나는 수강생들에게 몰입의 행복감과는 거리가 먼 고루한 시간 속에 많은 에너지를 소모시키는 큰 실수를 저질렀다.

그 후 20년 동안 나는 속죄하는 마음으로 꿈을 잃고 방황하는 청소년들을 대상으로 공교육과 사교육 현장에서 많은 연구와 시행착오를 겪었다. 이를 통해 집중력 유지에 대한 비결을 체득하게 되었다. 집중력 유지를 위한 실수로 쌓은 다양한 경험의 지혜는 청년, 중장년, 노년층 대상 강의에서도 빛을 발하고 있다. 지면 관계상 실수를 통한 경험의 지혜는 다른 채널에서 상세하게 공유할 예정이다.

초보 강사 시절은 누구에게나 있지만, 나는 늘 초보처럼 생각이 든다. 1995년부터 기업에서 직무와 소양교육으로 시작하여 2025년 현재 30년 이상의 전문강사의 활동을 이어가고 있다. AI활용교육, ESG금융·경제교육, 탄소 중립과 친환경, 6차산업과 스마트 팜, 융복합 창업, AI퍼실리테이션과 감정소통 등 다양한 분야에서 강의 활동을 이어갈 수 있는 원동력은 집중력을 강화시키는 방법을 실천하고 있다는 것이다. 끊임없이 도전하고 실천하는 과정에서 강사님들 자신부터 집중력 향상을 위해 실천해 보시기를 적극 추천한다.

이말옥
(웰에이징브랜드디렉트)

## 에피소드 21:
## 기계치 강사의 아찔한 순간:
## 철저한 준비와 백업이 만든 강의 기적

 나는 아직도 완전한 기계치임을 매일 절감하며 살아가고 있다. 작년, 대구시 체육협회에서 생활체육 실기 및 구술 특강을 진행하러 가던 중, 나는 중요한 USB를 가지고 가지 않았다. 강의 준비는 늘 컴퓨터 바탕화면, USB, 이메일 3중 장치를 통해 철저히 한다. 혹시 모를 상황에 대비한 나름의 완벽한 백업 시스템이었다. 하지만 그날따라 강의실 컴퓨터에도 파일이 깔려 있지 않았다는 것을 알았을 때의 그 순간은 정말 아찔했다. 심장이 쿵 내려앉는 듯한 기분이었다.

실기 강의는 몸으로 보여주면 된다고 생각했지만, 구술 강의가 문제였다. 수많은 문제를 단순히 말로만 설명하는 것은 불가능한 일이었다. 머릿속이 새하얗게 변하고, 식은땀이 흘렀다. 그 순간, 나는 지푸라기라도 잡는 심정으로 부산에 계시는 조경순 교수님께 급하게 도움을 요청했다. 교수님께서는 나의 다급한 상황을 이해하시고 즉시 필요한 자료를 이메일로 보내주셨다. 그 덕분에 나는 무사히 강의를 마칠 수 있었다. 안도의 한숨과 함께, 위기 상황에서의 인적 네트워크의 소중함과 즉각적인 문제 해결 능력의 중요성을 다시 한번 깨달았다.

매사에 덤벙거리는 성향 때문에, 나는 강의 준비만큼은 꼼꼼하고 차분하게 해야 한다는 일종의 강박감이 생겼다. 강의를 하러 가기 전에는 반드시 모든 장비를 철저하게 점검하는 습관을 들이려 노력한다. 하지만 여전히 나를 힘들게 하는 것은 기계적인 부분이다. 마이크 같은 장비의 조작 미숙은 나를 가끔씩 당황하게 만들기도 한다. 그때마다 '어쩔 수 없는 일'이라고 스스로를 다독이지만, 이런 경험들은 나를 더욱 철저하게 만든다. 살아가면서 집을 정리정돈하듯, 나의 강의 준비와 진행 과정을 끊임없이 돌아보고 또 돌아보는 수밖에 없다.

이번 아찔했던 경험은 나에게 '강의는 단순히 지식을 전달하는 것을 넘어, 예상치 못한 모든 상황에 대비하는 강사의 철저한 준비와 위기관리 능력의 총체'라는 교훈을 주었다. 이처럼 아찔했던 순간들과 작은 실수들을 통해 계속해서 진화하고 있다. 그리고 이 모든 과정이 결국은 청중에게 최고의 강의를 선사하기 위한 나의 진심임을 믿는다.

이승원
(DS감동교육연구소)

## 에피소드 22:
## 인사와 태도의 중요성

    강의 내용뿐만 아니라 강사의 태도와 청중과의 교감이 강의의 성공을 좌우한다는 것을 알게 된 경험이 있다. 오래전 군부대로 독서코칭 파견 강의를 나갔는데 강의는 오전 10시에 시작하는 일정이었다. 군부대 특성상 돌발 상황이 수시로 생길 수 있다는 것을 인지하고 있으면서도 시간이 지연이 되다 보니, 시간이 부족하다는 조급한 생각만으로 강의를 시작하면서 형식적으로 "안녕하세요, 오늘 강의를 맡게 된 ○○○이다."라고만 인사하고 바로 강의 내용으로 넘어갔다. 참가자들에게 서로 인사도 나누지도 못하고 참가자들의 반응을 신경 쓰지 않고, 강의 진행에만 집중했다. 책조차 읽은 사람이 한 명도 없다는 것을 뒤늦게 알게 되었다. 책을 읽지 못한 장병들은 강사와 눈을 맞추는 것을 피했고 분위기가 아주 싸했다.

'아 어떻하지, 이 분위기를 어떻게 바꾸어야 할까 훈련을 마치고 피곤함 속에서 참석한 장병들인데, 한 명도 읽지 않은 이분들과 어떻게 즐겁고 유익한 시간으로 전환할 수 있을까?' 나 자신과 속마음으로 다급하게 질문을 하면서 갑자기 떠오르는 것이 있었다. 장병들에게 줄 개별 포장해온 간식이었다. 개별 포장한 간식 위에 독서의 핵심 문장들을 인쇄해서 다 다른 문장으로 붙여놓은 것이 떠올랐다. 독서코칭을 마치고 장병들에게 나누어주려고 했는데 분위기를 바꾸어, 장병 한사람 한 사람에게 진심을 담아 인사를 하며 간식을 나누어주었다.

분위기는 반전이었다. 장병들의 눈빛은 단숨에 달라졌다. 그리고 포장된 간식 위에 붙여진 핵심 문장을 읽도록 했다. 모두 다른 문장이었지만 독서의 주제를 저절로 알게 되었다. 6회 과정을 모두 마치고 그 부대 지휘관님의 문자를 지금도 간직하고 있다.

"강사님의 지극정성에 감사한 시간이었다. 오늘의 책 내 사랑 모드에 나오는 주인공의 긍정적인 생각이 그 인생을 바꿨다는 내용에 초점을 맞춰주셨고 전우들과 긍정적인 표현으로 칭찬을 할 수 있도록 준비해 주시고 활동지도 용사들의 머리와 마음속에 쏙 들어올 수 있게 준비해 주셔서 호응도가 매우 높았다. 강사님께서 자식을 챙기듯 선물 하나하나를 싸오신 덕분에 참가자들의 마음이 풍성했고, 지휘관으로서 장병들을 위해 마음 써 주시는 것이 대단히 감사했다. 계속 강사님을 만나는 교육으로 이어지기를 바랍니다."

그때 그 군부대 강의의 교훈으로 진심 어린 인사와 참가자 중심의 태도를 유지하며 강의를 진행했고, 그 결과 참가자들의 만족도가 현저히 높아지는 변화를 경험했다. 강사로서 작은 태도 하나가 강의의 성공을 결정짓는다는 것을 배운 감사한 기회였다. 지금 이 순간에도 나라를 위해 국민을 위해 힘쓰는 장병들에게 진심으로 감사를 드린다.

이형모
(치매예방, 레크레이션 강사)

## 에피소드 23:
## 강의의 소리를 지키는 힘:
## 앰프 고장에서 얻은 현장 관리의 지혜

강의를 진행하던 중, 수업의 생명이라 할 수 있는 앰프가 갑자기 고장 나 어쩔 줄 모르고 손에 땀을 쥐게 만드는 난감한 상황을 겪었던 때가 아직도 생생하게 기억난다. 마이크를 통해 나의 목소리가 전달되지 않는 순간, 준비했던 모든 것이 무너지는 듯한 기분이었다. 청중의 시선이 일제히 나에게 쏠리고, 나는 그저 당황한 표정으로 앰프만 바라볼 뿐이었다. 원인을 확인해 보니 앰프 충전기 고장으로 확인되었다. 단순히 충전 문제였지만, 그 순간 나는 전원 케이블 단선이나 배터리 방전, 스피커나 연결 단자의 불량 등 다양한 가능성을 떠올리며 아찔함을 느꼈다. 강사의 목소리가 제대로 전달되지 않으면 청중의 집중력은 급격히 떨어지고, 강의의 흐름은 끊긴다는 것을 절감했다.

앰프 고장을 통해 나는 값진 교훈을 얻었다. 강의 현장에서 장비 관리가 얼마나 중요한지 몸소 깨달은 것이다. 이제 나는 강의를 시작하기 전과 마친 후에는 반드시 앰프 상태를 꼼꼼히 점검한다. 먼지 제거 및 청결 유지는 물론, 정격 전압을 유지하고 배터리는 미리 완충하며 여분의 보조 배터리를 반드시 준비하는 것이 습관이 되었다. 볼륨은 항상 천천히 높여 장비에 무리가 가지 않도록 하고, 각 연결 단자는 조심스럽게 다루며, 습기가 많은 곳을 피하고 충격에 주의하기 위해 전용 보관 박스를 활용한다.

앰프 고장은 예방이 무엇보다 중요하며, 사전에 철저히 점검하고 대비하면 대부분의 문제를 크게 감소시킬 수 있다는 것을 알았다. 이 소중한 경험은 나를 더욱 빈틈없는 강사로 만들었다. 이제 나는 강의 현장에서 발생하는 어떤 기술적 문제에도 당황하지 않고 침착하게 대처할 수 있는 지혜를 갖추게 되었다. 강의의 소리를 지키는 힘은 바로 강사의 세심한 현장 관리에서 비롯된다는 것을 매일 실천하며 살아가고 있다.

274  제2부 치명적인 33가지 실수와 시사점

임기정
(온마음 소통리더)

## 에피소드 24:
## 모든 학습자는 다른 속도로 빛난다:
## 한 어린이가 가르쳐 준 교육의 혁명

서울 외곽 초등학교에서 진행한 진로체험 특강 중 마주한 작은 순간이 내 교육 철학을 완전히 바꿔놓았다. '직업카드 탐험' 활동에서 민준이란 학생은 남들보다 천천히 정보를 살펴보고 있었다. 퀴즈 시간, 알고 있던 문제에서도 기회를 놓친 그는 눈물 어린 목소리로 "카드를 다 볼 시간이 없었어요."라고 말했다. 그 순간 깨달았다. 모든 학습자는 각기 다른 속도로 정보를 처리하고 이해한다는 단순하지만 강력한 진실을.

이 경험은 내 성인 교육 방식에 의미 있는 변화를 가져왔다. 학습 자료를 사전에 제공하여 충분한 준비 시간을 확보하고, 구두 발표부터 서면 의견 제출, 소그룹 토론에 이르기까지 다양한 참여 경로를 열어두었다. 경쟁이 아닌 협력을 중심에 둔 활동 설계는 서로 다른 사고 속도와 스타일을 가진 학습자들이 자신의 강점을 발휘하며 함께 성장할 수 있는 토양이 되었다.

최근 평생교육기관에서 진행한 AI 교육 세션에서 한 중년 학습자가 조용히 손을 들었다. "정보를 처리하는 데 시간이 더 필요하다." 추가 시간을 기꺼이 제공했고, 세션 후 그 학습자는 감사의 마음을 전했다. "처음으로 교육 현장에서 소외감 없이 참여할 수 있었다."

진정한 교육의 핵심은 빠른 반응이 아닌 깊은 이해에 있다. 우리는 모두 자신만의 속도로 성장하고 배운다. 이제 내 강의실에는 '느린 학습자'라는 레이블이 없다. 오직 각자의 여정을 걷는 고유한 학습자들만이 있을 뿐이다. 진정한 교육 혁명은 이러한 개인적 차이를 인정하고 존중하는 데서 시작된다. 한 어린 학생의 눈물이 가르쳐준 교훈은 성인 교육의 본질을 되찾는 나침반이 되었다.

장두식
(치매예방 대표강사)

## 에피소드 25:
## 준비된 강사의 힘:
## PPT 한 장이 바꾼 강의의 몰입도

    오래전 초보 강사 시절, 나는 고양시 노인복지관에서 치매 예방 특강을 의뢰받았다. 여러 가지 일을 동시에 처리하느라 시일이 촉박했고, 강의 준비는 늘 그랬듯 빠듯하게 진행되었다. 대강당에 모인 100여 명의 회원들을 마주했을 때, 설렘보다는 불안감이 앞섰다. 준비 부족으로 인해 PPT 없이 강의를 시작했고, 나는 두서없이 이야기를 이어갔다. 나의 지식과 열정을 전달하려 노력했지만, 시각적인 자료 없이 오직 말로만 진행되는 강의는 청중의 집중력을 붙잡아 두기 어려웠다. 시간이 지날수록 청중의 시선이 흐트러지고, 여기저기서 웅성거리는 소리가 들리는 것을 느끼며 나의 부족함을 절감했다. '아, 이대로는 안 되겠다'는 생각이 머릿속을 가득 채웠다.

그날의 실패는 나에게 뼈아픈 교훈을 주었다. 그리고 나는 그날 이후 완전히 달라졌다. 강의의 핵심을 시각적으로 전달하는 PPT 자료의 중요성을 깨달았고, 단순히 자료를 만드는 것을 넘어 세밀한 과정을 모니터링하며 리허설을 반복했다. 슬라이드 한 장 한 장에 어떤 메시지를 담을지, 어떤 이미지를 활용할지, 전환은 어떻게 할지 등을 꼼꼼하게 점검했다. 나의 목소리와 PPT가 조화를 이루어 청중에게 최고의 경험을 제공할 수 있도록 끊임없이 연습했다.

그렇게 철저히 준비된 강의는 놀라운 결과를 가져왔다. 청중들은 나의 이야기에 더욱 몰입했고, 반응도 훨씬 뜨거웠다. 질문이 쏟아지고, 밝은 얼굴로 고개를 끄덕이는 모습을 보며 나는 진정한 강사의 보람을 느꼈다. 이 이야기는 나의 실패담을 파악하고 그것을 성장의 밑거름 삼아 더 좋은 강의를 만들어내는 과정이었다. 이 경험을 통해 나는 '준비된 강사에게는 계속해서 강의 요청이 들어오고 인기 강사로서 발돋움할 수 있다'는 사실을 확신하게 되었다. 초보 강사 시절의 아픈 기억이 나를 더욱 단단하고 전문적인 강사로 성장시킨 계기가 된 것이다.

**전다혜**
(외식관광연구소 대표)

## 에피소드 26:
## 메모 부족으로 인한 학생들의 자기소개서, 이력서 작성의 어려움

'자기소개서 및 이력서 작성' 수업에서 내가 가장 중요하게 다루었던 주제 중 하나는 효과적인 메모였다. 학생들에게 메모를 통해 각자의 생각을 정리하고, 자신의 기술과 경험을 강조하는 방법을 가르쳤다. 글쓰기에 앞서 자신의 생각을 구조화하고 핵심 내용을 파악하는 데 도움을 주기 위함이었다.

수업 중에 학생들에게 자신의 성장배경, 성격의 장단점, 활동 경험, 입사 후 포부에 대한 간단한 메모를 작성하도록 요청한 후, 이를 바탕으로 자기소개서를 작성하도록 했다. 메모는 글쓰기의 기초 공사와 같으니, 이 과정을 충실히 해달라고 당부했다. 그러나 다수의 학생들이 메모 작성을 소홀히 했다. 백지상태에서 막연하게 글을 시작하려 하거나, 떠오르는 단편적인 생각들을 나열하는 데 그쳤다.

자기소개서 작성을 할 때 자신의 생각을 정리하기 어려워하는 모습을 보였다. 정리되지 않은 내용을 바탕으로 작성하려다 보니 글의 방향을 잡지 못하고 어려움을 겪었으며, 결국 내용을 정리하는 데 많은 시간을 허비했다. 최종적으로는 자신의 강점을 충분히 강조하지 못하고, 진정한 가치나 잠재력을 제대로 드러내지 못하는 아쉬운 결과물을 제출하게 되었다.

이러한 경험을 통해 나는 메모의 중요성을 더욱 강조해야 한다는 것을 깨달았다. 단순히 글쓰기 기술을 가르치는 것을 넘어, 글쓰기 전 생각을 정리하는 과정의 중요성을 몸소 보여주는 것이 필요했다. 그 이후로, 자기소개서 작성에 대한 실질적인 지도를 제공하면서도, 학생들이 자신의 생각을 효과적으로 정리하고 기억할 수 있도록 메모하는 방법을 끊임없이 강조하고 있다. '메모가 곧 글쓰기의 절반'이라는 점을 역설하며, 자신만의 방식으로 핵심 키워드를 뽑아내고, 경험을 구조화하며, 생각을 구체화하는 연습을 시킨다. 이 과정을 통해 학생들은 자신감을 얻고, 더욱 설득력 있는 자기소개서를 완성하게 된다.

정옥전
(CS퍼스널 컨설턴트)

## 에피소드 27:
## 눈 내리는 날의 교사 연수 퍼스널컬러 강의

어느 눈이 많이 내린 날, 나는 인천에서 진행된 교사 연수 퍼스널컬러 강의에 참석하기 위해 1시간 거리의 길을 3시간 넘게 걸려 도착했다. 그날은 대중교통을 이용해야 해서 자차를 사용할 수 없었고, 내 교구가 꽤 많아서 모든 것을 캐리어에 담아갔다. 그런데 눈이 정말 많이 와서 캐리어는 아예 움직이지 않을 정도였고, 무겁게 짐을 끌고 겨우 도착할 수 있었다.

강의장에 도착하니, 정말 중요한 퍼스널컬러 진단천 몇 장을 빠뜨린 사실을 알게 되었다. 특히 요즘 많이 사용되는 봄라이트와 여름라이트 진단천을 빠뜨린 것이었다. 이 진단천은 강의에서 매우 중요한 역할을 하므로, 빠진 것만으로도 큰 문제였다. 당시에 그 진단천이 없다는 사실을 알게 된 순간 정말 당황스러웠다. 모든 준비물이 다 제자리에 있어야 한다는 생각에 머리가 하얗게 변했지만, 강의를 해야 한다는 책임감이 내게 다가왔다.

시간은 흘러가고, 진단천이 없다면 강의를 진행하기 어려운 상황이었으므로, 어떻게든 해결책을 찾아야 했다. 다행히도 다른 진단천이 몇 개 있었고, 그나마 립스틱과 파운데이션을 이용해 진단을 이어갈 수 있었다. 물론 완벽한 진단은 아니었지만, 부족한 부분은 최대한 메이크업 제품을 활용하여 대체할 수 있었다. 예를 들어, 봄라이트와 여름라이트를 진단할 수 있는 색감은 내가 준비한 메이크업 제품으로 충분히 커버가 가능했다.

강의 중에 티를 내지 않으려고 애썼고, 그때는 내가 얼마나 고군분투했는지 알 수 없을 정도로 긴장한 상태였다. 그래도 강의는 무사히 마쳤고, 끝나고 나서야 조금 여유가 생겨 이런 경험을 되돌아볼 수 있었다. 이번 일을 통해 '준비물 점검의 중요성'을 다시 한번 깨달았고, 비슷한 상황을 미리 대비하는 습관이 얼마나 중요한지 절실히 느꼈다.

이 경험을 통해, 실수는 누구에게나 있을 수 있지만, 그때 그 실수를 어떻게 처리하느냐가 중요하다는 것을 알게 되었다. 결국은 불완전한 상황에서도 최선을 다해 해결책을 찾는 것이 중요하다는 교훈을 얻었고, 어떤 어려움이 닥쳐도 상황을 처리할 수 있는 자신감을 조금 더 가지게 되었다.

조경순
(브레인피트니스 디렉터)

## 에피소드 28:
## 쉽게 생각했던 OT 나의 자만심

한 기관에서 국가자격증 대비 이론강좌를 열어줄 테니 수강생 모집에 OT를 부탁받았다. 당연히 오케이를 하고 나름 자신 있는 강의라 PPT를 만들고 이 정도면 충분하겠지 근거 없는 자신감은 어디서 나왔던 것일까? OT 날 기관에서 예비 수강생을 20명 모집해 주었다. OT를 듣고 등록을 하겠다고 한 예비 수강생들이 대부분이라고 강조를 하였다. 자격증 취득에 대한 설명과 필요성에 대해 안내를 잘했고 수강 일정도 소개하고 마무리를 하였다.

첫 강의 날 수강생이 절반도 안 되었다. 이유는 OT 때 필기시험 이론 과목 설명이 너무 부담을 주었던 것이다. 공부하려니 자신감이 없다고 대답을 하였다. 공부는 자신감이 중요한데 공부도 시작하기 전 OT 때 이론 과목을 어떻게 공부해야 하는지에 구구절절한 설명으로 부담을 주었던 것이다. OT는 자세한 설명보다는 동기부여와 기대감, 자신감을 심어주고 자격증 취득 후 활동을 하고 있는 예를 들어 관심을 가질 수 있는 내용으로 구성해도 충분한데 딱딱하게 이론적인 면만 강조를 했던 것이 실패였다.

이후 OT가 얼마나 중요한지 알게 되었다. 강의는 첫 OT가 전체 강의를 이끌어간다는 것을 실패의 경험을 통해 알게 된 후 OT나 첫 강의 준비를 철저히 한다.

조영아
(마음나래연구소 대표)

## 에피소드 29:
## 두드린 돌다리도 건너기 전
## 다시 한번 더 두드리자!

강의 경력에 잊을 수 없는 흑역사를 꼽으라면 단연 이 강의 날을 빼놓을 수 없다.

'낙서 테라피'라는 주제로 기관 성인들을 대상으로 강의를 진행하게 되었다. 평소처럼 기관 담당자와 긴밀히 소통하며 교육생 인원, 교육생 특성, 교육장 환경 등을 꼼꼼히 체크하며 점검했고, 강의 자료와 활동 도구까지 잘 준비하며 완벽한 강의를 꿈꿨다. 그러나 강의 당일, 교육장에 도착하자마자 예상치 못한 일이 벌어졌다.

　담당자로부터 사전에 전달받은 교육생 인원은 60명이었으나, 실제로 강의장에 도착해 명단을 확인하니 90명이었다! 30명이나 더 늘어난 인원. 그것도 팀 활동이 필수적인 강의에서 추가된 인원에 맞춰 도구와 재료를 준비하지 못한 상황이었다. 평소보다 여유 있게 준비 해 가긴 했지만, 30명을 추가로 수용하기에는 턱없이 부족했다.

　다행히 1시간 일찍 도착했던 덕분에 교육장 근처에서 긴급히 재료를 구입하고, 기관의 도움을 받아 부족한 부분을 채울 수 있었다. 하지만 이미 강의 시작 전부터 머릿속이 복잡해졌고, 정신없는 상태에서 강의를 진행하다 보니 집중력이 흐트러졌다. 교육생들 또한 강의 분위기에 쉽게 몰입하지 못했고, 적극적인 반응을 이끌어내는 것이 어려웠다. 그날의 강의는 마치 4시간이 아닌 10시간처럼 느껴졌고, 어떻게 강의를 마무리했는지조차 기억이 가물가물할 정도로 힘든 경험이었다.

　이후 나는 절실하게 깨달았다. "두드려 본 돌다리도 몇 번이고 다시 두드려 보자!" 사전 점검을 아무리 철저하게 했다고 생각해도, 예상치 못한 변수가 언제든 발생할 수 있다. 그날 이후 나는 강의 준비 과정에서 한 번 더, 아니 몇 번이고 점검하는 습관을 가지게 되었다. 강사로서 완벽을 기하는 것은 중요한 덕목이지만, 변수에 대비하는 것 또한 강사의 중요한 역량임을 몸소 배운 값진 경험이었다.

**최선미**
(투게더성장연구소 대표)

## 에피소드 30:
## 적막을 깬 공감의 교육:
## 라포 형성이 이끈 학생 중심 성교육의 전환

초등학교 고학년 성교육 수업을 처음 나갔던 날이었다. 초보 강사로 열정은 많았지만 경험이 부족했던 나는, 혹시나 아이들이 성에 대해 거부감을 느끼지 않을까 걱정하며 수업을 준비했다. 교안은 꼼꼼했고, 활동지는 빈칸을 채우는 단순한 형식이었으며 단어는 일부러 아주 쉬운 말로만 구성했지만 결과는 참담했다.

수업 시간 내내 교실은 아이들은 반응 없이 앉아 있었고, 몇몇 학생은 엎드려 딴짓을 하기도 했다. 수업 후 받은 피드백에는 이런 말이 남아 있었다.

"우리가 참여하는 게 아니라 그냥 듣기만 하니까 재미없었어요."

그 말 한마디가 강사로서의 나를 무너뜨렸다. '전달'은 했지만 '소통'은 없었고, 수업은 나 혼자만의 무대였던 것이다. 그 날 가져간 활동지도 문제였다. 학생들의 수준에 맞춰야 한다는 불안감에 사로잡혀, 나는 생각할 틈이 없는 모두 다 할 수 있는 방법인 단답형 빈칸 채우기를 구성했다. 표면적으로는 쉬워 보였지만, 아이들은 오히려 흥미를 잃었다.

자신의 생각을 묻는 것도 아니었고, '틀릴까 봐' 말하지 않으려는 분위기가 형성됐다. 아이들의 눈빛은 점점 흐려졌고, 나조차도 '지금 이 수업이 의미 있나'라는 자괴감이 들기 시작했다. 수업이 끝난 후, 교실 밖으로 나오는 길이 그토록 무겁게 느껴진 적은 없었다.

이 경험이 오히려 나를 '진짜 수업'을 고민하는 사람으로 이끌었다. 그 날 이후, 나는 성찰을 멈추지 않았다. 교안을 줄였고, 정보를 도식화해 핵심만 남겼으며, 활동지는 정답 대신 생각을 적을 수 있도록 바꿨다. 무엇보다 가장 큰 변화는 수업을 시작하는 태도였다. 학생들과 눈을 마주치는 일, 이름을 불러주는 일, 공감부터 시작하는 수업. 그 변화는 조금씩, 그러나 분명하게 반응을 불러왔다. 아이들은 자신들의 경험을 나누기 시작했고, 웃음과 대화가 오가는 시간이 되어갔다. 몇 달 후, 비슷한 또래의 초등 고학년 수업에 다시 들어갔다.

이번에는 '몸에 대한 느낌' 활동지를 준비했고, 빈칸 대신 질문을 던졌다.

"좋아서 안아줬는데, 왜 싫었을까?"

질문이 끝나자 한 아이가 손을 들었다. "기분은 좋은데, 내가 원하지 않았으면 싫을 수도 있어요." 순간 교실이 달라졌다. 그 아이의 말을 계기로 아이들 사이에서 토론이 시작됐고, 웃음이 섞인 진지한 대화가 오갔다. 그 때 나는 알았다. 수업의 주인은 강사가 아니라, 말할 수 있는 용기를 얻은 학생들이라는 것을…

그 실패를 통해 나는 세 가지를 배웠다.
첫째, 수업은 '정보'보다 '경험' 위에 설 때 살아난다는 것.
둘째, 라포 형성 없이 시작되는 교육은 존재를 통과하지 못한다는 것.
셋째, 강사의 자리는 앞이 아니라 '곁'이어야 한다는 것.

지금 나는 강의 중에 춤추듯 아이들과 감정을 나누며, 코칭형 수업으로 아이들이 주도하는 배움을 설계하고 있다. 대상과 주제가 다양해졌지만, 그날의 실패 이후로 지금껏 변하지 않은 원칙이 있다. 수업 전에 나는 늘 이 질문을 마음속에 품는다.

"오늘, 이 수업은 누구를 위한 수업인가?"

이 물음이 흐트러질 때, 나는 다시 그날의 적막했던 교실을 떠올린다. 아이들이 웃으며 서로의 다른 경험이 자연스럽게 이야기 나누는 교실, 그

것이 내가 추구하는 성교육의 모습이다.

그날의 실패가 없었다면, 나는 여전히 교안 뒤에 숨어 있었을 것이다. 이제는 실수 앞에서 주저하지 않는다. 그것이 나를 더 나은 강사로 성장시키는 가장 중요한 과정임을 알기 때문이다. 실패는 내가 멈추지 않고, 계속해서 학생들과 만나는 이유가 되었다.

**최유미**
(한국미래인재교육협회 대표)

## 에피소드 31:
## 몰입은 '함께'할 때 빛난다: 문화적 장벽을 허문 포용적 강의의 지혜

수업 중간, 분위기를 환기시키기 위해 속담 퀴즈를 준비했다. 진로 강의가 단순한 정보 전달에 그치지 않고 학생들의 감정과 몰입을 끌어내야 한다는 판단에서였다. 그런데 당일, 강의 대상에 외국인 학생들이 포함되어 있다는 안내를 받았다. 한국어는 능숙해 보였고, 강의 내용에도 잘 반응해 별다른 우려 없이 수업을 시작했다.

하지만 "등잔 밑이 어둡다", "낮말은 새가 듣고 밤말은 쥐가 듣는다"

와 같은 속담 문제가 나오자 외국인 학생들의 얼굴엔 당혹스러움이 떠올랐다. 그 순간, 속담 퀴즈는 몰입 도구가 아니라 문화적 장벽이 되고 있다는 걸 깨달았다. 급히 퀴즈를 '한국 음식 맞히기'로 바꾸자 반응은 확 달라졌고, 교실엔 다시 웃음이 퍼졌다.

그날 나는 깨달았다. 몰입은 모두가 함께할 수 있을 때에야 비로소 의미가 있다. 이 경험을 계기로, 누구나 참여할 수 있으면서도 긴장감과 도전의식이 살아나는 수업 방식을 고민했고, 그 결과로 탄생한 것이 바로 '강사를 이겨라'였다.

최정화
(매직아티스트)

## 에피소드 32:
## 연습(준비)없는 배짱강의가 실력을 떨어뜨린다

마술인들끼리 소통하는 마술의 3요소가 있다. 20세기초의 전설적인 마술인 하워드 서스톤의 3원칙이기도 하다.

첫째, 마술을 하기 전에 결말을 설명해서는 안 된다(흥미와 기대 유지).

둘째, 같은 마술을 2번 반복해서는 안 된다(트릭 노출 금지).

셋째, 마술의 비법을 공개해서는 안 된다(마술의 신비로움 간직).

그런데 학습자들과 하는 약속은 한 가지가 다르다. 같은 마술을 2번 반복하지 않는다와 트릭을 공개하지 않는다는 같은 약속이지만 단 하나, '연습을 많이 한다'이다.

왜냐하면 마술사라 할지라도 새로운 마술은 연습을 많이 해야지만 관객의 상상과 기대에 만족시킬 수 있기 때문이다. 그런데 사회지도자 리더십강의에 스토리에 따른 마술을 준비해야 했던 10년전 어느 날, 학습자의 needs를 제대로 파악하지 못했던 탓도 있었고, 강사보다 나이가 훨씬 많은 학습자를 상대하기에는 초보였던 40대초반, 마술로 그들을 몰입시킬 거라고 착각하고 어린이용 마술도구를 챙겨가서 리더십강의를 했었다.

마술만 보여주면 당연히 호응도가 높을 거라고 생각했던 나의 어리석음, 그런데 아뿔싸, 자신했던 마술의 실패, 생각보다 마술의 환상이 없었던 어촌 중·장년층 분들, 그리하여 강의 도입도 대상자 눈높이에 맞지 않았고 분위기가 아이스브레이킹이 되지 않았던 그때의 살벌한 분위기는 지금도 잊혀 지지 않는 나만의 부끄러운 치부가 되어 버렸다.

한동안 성인학습자를 대하기 어려워 섭외된 강의도 하지 못했었다. 그리고 천천히 냉정하게 고민하고 성찰하면서 마술이 가진 신기한 부분도 학습자들의 욕구에 일맥상통하게 매칭이 되어야 한다는 걸 알게 되었다.

## 에피소드 33:
## 아나운서가 깨달은 강의의 진리:
## 청중을 움직이는 소통의 힘

처음 대면 강의를 나갔던 날을 아직도 잊을 수 없다. 아나운서와 리포터로 오랜 시간 매체 안에서 활동해왔던 나는, 말하는 일에 누구보다 익숙하다고 생각했다. 방송에서는 정확한 발음, 간결한 문장, 매끄러운 흐름이 전부였다. 그래서 강의 역시 그와 다르지 않을 것이라 믿었다.

하지만 현실은 완전히 달랐다. 그날 나는 기업 연수 현장에 처음으로 초빙돼 약 2시간의 특강을 진행했다. 프레젠테이션 자료도 완벽하게 준비했고, 전달할 내용도 충분히 연습했기에 자신감이 넘쳤다. 하지만 강의가 시작된 지 15분쯤 지나자 청중의 표정이 하나둘 굳어가기 시작했다. 누군가는 고개를 떨구었고, 누군가는 휴대폰 화면을 자주 확인했다. 나는 그저 내 대본대로만 말하고 있었고, 그 안에 청중은 없었다.

강의가 끝난 후 받은 강의평가는 충격적이었다. "전달력은 좋지만 내용이 지루했다", "일방적인 설명만 계속돼 몰입하기 어려웠다"는 피드백이 줄을 이었다. 그날 나는 뼈저리게 깨달았다. 방송에서의 말하기와 강의에서의 말하기는 전혀 다른 기술이라는 것을. 청중과의 상호작용, 상황에 맞는 예시, 공감이 없으면 아무리 유창하게 말해도 '좋은 강의'는 될 수 없다는 사실을 처음으로 느꼈다.

그 실패는 내게 귀중한 전환점이 되었다. 이후 나는 청중을 먼저 분석하고, 그들이 진짜 듣고 싶어 하는 이야기가 무엇인지 파악하는 데 집중했다. 강의는 '잘 말하는 사람'이 아니라, '듣고 싶은 이야기를 해주는 사람'이 되어야 한다는 진리를 그날 이후 단단히 마음에 새기게 되었다.